大数据时代统计学教学改革方式与教学方法的创新与实践研究

蒋世辉 著

郑州大学出版社

图书在版编目(CIP)数据

大数据时代统计学教学改革方式与教学方法的创新与实践研究 / 蒋世辉著. -- 郑州：郑州大学出版社，2025.7. -- ISBN 978-7-5773-1161-6

Ⅰ.C8

中国国家版本馆 CIP 数据核字第 2025YG7427 号

大数据时代统计学教学改革方式与教学方法的创新与实践研究
DASHUJU SHIDAI TONGJIXUE JIAOXUE GAIGE FANGSHI YU JIAOXUE FANGFA DE CHUANGXIN YU SHIJIAN YANJIU

策划编辑	崔　勇	封面设计	苏永生
责任编辑	崔　勇	版式设计	苏永生
责任校对	王红燕	责任监制	朱亚君
出版发行	郑州大学出版社	地　　址	河南省郑州市高新技术开发区
经　　销	全国新华书店		长椿路 11 号（450001）
发行电话	0371-66966070	网　　址	http://www.zzup.cn
印　　刷	河北虎彩印刷有限公司		
开　　本	787 mm×1 092 mm　1 / 16		
印　　张	10.25	字　　数	224 千字
版　　次	2025 年 6 月第 1 版	印　　次	2025 年 6 月第 1 次印刷
书　　号	ISBN 978-7-5773-1161-6	定　　价	58.00 元

本书如有印装质量问题,请与本社联系调换。

内容简介

　　《大数据时代统计学教学改革与教学方法的创新与实践研究》深入探讨了大数据背景下统计学教学面临的挑战与机遇,并提出了一系列教学改革方案与创新实践。本书首先分析了当前统计学教育中存在的问题,并结合大数据时代的需求,对统计学教学目标、课程设计和教学方法进行了创新性的探索。书中重点关注如何运用现代信息技术、数据分析工具以及交互式教学手段,提高学生的实际操作能力与数据分析能力,培养能够适应大数据时代需求的统计学人才。同时,本书还探讨了大数据驱动的统计学实验设计和教学评估体系,提出了未来统计学教育的发展方向。通过理论与实践相结合,本书为教育工作者提供了创新的教学思路和方法,具有较高的学术价值与实践指导意义。

前 言

随着信息技术的发展,人类社会进入了大数据时代。数据的规模、种类和产生速度都呈现出爆炸式增长,这些海量的数据蕴含着巨大的价值,成为推动各领域发展的重要驱动力。统计学作为处理和分析数据的核心学科,其重要性日益凸显。在商业领域,企业通过对海量消费者数据的分析,能够深入了解市场需求和消费者行为,从而制定更加精准的营销策略;在医疗领域,医护人员通过对患者医疗数据的挖掘,可以为疾病的诊断和治疗提供更科学的依据;在科研领域,大数据分析有助于科学家发现新的规律和现象,推动科学研究的进展。然而,传统的统计学教育模式在大数据时代面临着诸多挑战。传统统计学教学往往侧重于理论知识的传授,而对实际应用能力的培养相对不足。学生在学习过程中,缺乏对大数据环境下数据处理和分析的实践经验,难以将所学的统计学知识应用到实际问题中。此外,随着教育理念的不断更新,以学生为中心的教学思想逐渐深入人心。传统的灌输式教学方法已经不能满足学生的学习需求,需要探索更加灵活多样、互动性强的教学方法,以激发学生的学习兴趣和主动性,提高学生的学习效果。

河南财政金融学院统计与数学学院副教授蒋世辉,长期从事数学、统计学的教学科研工作,依据多年经验撰写本书,本书围绕大数据时代统计学教学改革与教学方法的创新与实践这一核心主题,展开了系统而深入的研究。全书共分为七个章节,各章节内容紧密相连,逐步深入地探讨了大数据时代统计学教学的各个方面。第一章为导论部分,主要介绍本书的研究背景与意义,详细阐述大数据时代的到来给统计学教育带来的挑战和机遇,强调进行统计学教学改革的必要性和紧迫性;同时,明确本书的研究目标、方法与框架,为后续各章节的研究奠定了基础。第二章深入分析大数据时代的统计学教育需求与发展趋势,通过对大数据时代各领域对统计学人才需求的分析,明确统计学在大数据领域的核心作用;探讨大数据驱动下统计学教育的发展趋势,如更加注重实践能力培养、强调跨学科融合等,为统计学教学改革指明方向。第三章对统计学教学现状与存在的问题进行全面的剖析,回顾和评估传统统计学教学模式,指出现有统计学课程体系存在的不足与挑战,如课程内容陈旧、实践教学环节薄弱等。第四章着重探讨大数据背景下的统计学教学目标与课程设计,提出大数据时代统计学教学目标的调整与优化方向,强调要培养学生的实际操作能力和数据分析能力;对统计学课程内容与结构进行创新设计,增加与大数据相关的知识和技能,如大数据采集、存储、处理和分析等。第五章介绍新型教学方法在统计学教学中的应用,详细阐述互动式教学与翻转课堂的应用,通过增加师生互动和学生自主学习的时间,提高学生的学习积极性和主动性;探讨项目驱动教学法与案例教学法的实施,让学生在实际项目和案例中锻炼解决问题的能力。第六章研究大数据分析工具与统计学教学实践的结合,介绍数据分析工具的选择与应用,如R语言、Python等数据分析软件的使用;探讨大数据技术在统计学教学中的实际运用,如利用Hadoop、Spark等大数据平台进行数据处理和分析;设计基于大数据的统计学实验与教学实践,让学生在实践中掌握大数据分析的方法和技巧。第七章对统计学教学评估与反馈机制的创新进行研究,分析传统统计学评估方法的局限性,提出基于大数据的学习评估体系,通过对学生学习过程中的数据进行分析,全面、客观地评价学生的学习效果;设计教学反馈机制与个性化学习路径,根据学生的学习情况和反馈信息,为学生提供个性化的学习建议和指导,促进学生的学习和发展。

  本书在学术层面,深入探讨了大数据时代统计学教学改革的理论和方法,为统计学教育领域的研究提供了新的视角和思路。通过对大数据时代统计学教育需求和发展趋势的分析,丰富了统计学教育的理论体系。同时,本书提出的一系列教学改革方案和创新实践,为统计学教育的实践研究提供了有益的参考,推动了统计学教育研究的发展。在实践层面,本书为统计学教育工作者提供了具体的教学改革方案和创新教学方法。教育工作者可以根据本书的建议,对现有的统计学教学模式、课程体系和教学方法进行改革和创新,提高统计学教学的质量和效果。通过运用新型教学方法和大数据分析工具,能够更好地培养学生的实际操作能力和数据分析能力,使学生更好地适应大数据时代的需求。本书对于统计学专业的学生也具有重要的指导意义。学生可以通过阅读本书,了解大数据时代统计学的发展趋势和应用前景,明确自己的学习目标和方向。

  总之,本书是在大数据时代背景下,对统计学教学改革进行的一次有益探索和实践总结。相信本书将为统计学教育的发展提供有力的支持,为培养适应大数据时代需求的统计学人才做出贡献。

著 者

2025年2月

目 录

第一章	导论	1
第一节	研究背景与意义	1
第二节	大数据时代统计学教育的挑战与机遇	3
第三节	研究目标、方法与框架	7

第二章　大数据时代的统计学教育需求与发展趋势 …………………… 11
　　第一节　大数据时代的统计学教育需求分析 …………………………… 11
　　第二节　统计学在大数据领域的核心作用 ……………………………… 17
　　第三节　大数据驱动的统计学教育发展趋势 …………………………… 21

第三章　统计学教学现状与存在的问题 …………………………………… 30
　　第一节　传统统计学教学模式的回顾与评估 …………………………… 30
　　第二节　传统统计学课程体系的不足 …………………………………… 36
　　第三节　学生学习需求与统计学教育的脱节问题 ……………………… 45

第四章　大数据背景下的统计学教学目标与课程设计 …………………… 53
　　第一节　大数据时代统计学教学目标的调整与优化 …………………… 53
　　第二节　统计学课程内容与结构的创新 ………………………………… 60
　　第三节　基于大数据的统计学案例分析与应用课程设计 ……………… 70

第五章　新型教学方法在统计学教学中的应用 …………………………… 81
　　第一节　互动式教学与翻转课堂的应用 ………………………………… 81
　　第二节　项目驱动教学法与案例教学法 ………………………………… 90
　　第三节　计算机辅助教学与统计软件的整合应用 ……………………… 99

第六章　大数据分析工具与统计学教学实践的结合 ……………………… 111
　　第一节　数据分析工具的选择与应用 …………………………………… 111

第二节　大数据技术在统计学教学中的实际运用 …………………… 118
　　第三节　基于大数据的统计学实验与教学实践设计 …………………… 125
第七章　统计学教学评估与反馈机制的创新 ………………………………… 134
　　第一节　传统统计学评估方法的局限性 ………………………………… 134
　　第二节　基于大数据的学习评估体系 …………………………………… 140
　　第三节　教学反馈机制与个性化学习路径的设计 ……………………… 146
参考文献 ……………………………………………………………………………… 155

第一章

导 论

第一节 研究背景与意义

一、研究背景

在当今科技飞速发展的时代,大数据时代的降临是信息技术持续演进以及各行业数据呈爆炸式累积的必然结果。这一时代特征深刻地改变了数据的生态环境,使得传统的统计学教学模式陷入了前所未有的困境。

统计学作为一门基础性的数据分析学科,长期以来在诸多关键领域中发挥着不可替代的核心作用。在科学研究领域,无论是自然科学中的物理学实验数据分析、生物学基因序列研究,还是社会科学中的经济学趋势预测、社会学现象调查,统计学方法都为研究人员提供了严谨的数据分析手段,帮助他们从复杂的数据中提取有价值的信息,验证研究假设,推动科学知识的进步。在社会管理方面,政府部门依靠统计学来进行人口普查、经济指标监测、公共政策评估等工作。通过对大量社会数据的统计分析,政府能够准确把握社会发展的动态,制定出更加科学合理的政策,提高社会管理的效率和质量。在金融市场中,统计学更是金融机构进行风险评估、投资决策、资产定价的重要工具。然而,大数据时代的到来给统计学带来了全新的挑战。在大数据的驱动下,统计学的研究对象不再局限于传统的小规模、结构化数据。如今的数据具有海量性、复杂性和高维度的特点。例如,在电子商务领域,每天都会产生数以亿计的交易数据,这些数据不仅包含了商品的销售信息、客户的购买记录,还涉及客户的浏览行为、评价反馈等多方面的内容。在医疗领域,随着电子病历系统的普及和医疗设备的智能化,医院积累了大量的患者病历、诊断报告、影像资料等数据,这些数据的规模和复杂性远远超出了传统统计学方法的处理能力。

互联网、物联网、社交网络等新兴技术的广泛应用,进一步加剧了数据的变革。互联

网的普及使得信息传播更加迅速和广泛,每天都有大量的网页、新闻、博客等文本数据产生。物联网技术将各种物理设备连接起来,实现了数据的实时采集和传输,如智能家居设备、工业传感器等产生的大量实时数据。社交网络则成为人们交流和分享信息的重要平台,产生了海量的用户行为数据、社交关系数据等。这些数据不仅在数量上呈现出爆发式增长,而且在类型上也变得更加多样化,除了传统的结构化数据外,还包括了大量的非结构化数据,如文本、图像、音频、视频等。同时,数据的存储方式也发生了变化,传统的关系型数据库已经难以满足大数据存储的需求,分布式存储系统和云存储技术应运而生。数据分析的需求也从传统的描述性统计和推断性统计向预测性分析、实时分析和可视化分析等方向发展。然而,传统的统计学教育体系却未能及时跟上大数据时代的步伐。目前,传统的统计学教育仍然以数学推导为主,侧重于理论知识的传授,而忽视了与新技术的结合和数据分析的实际操作。在课程设置方面,大多课程主要围绕概率论、数理统计等经典理论展开,对计算机编程能力、数据分析工具和大数据技术的应用方面缺乏充分的训练。例如,很多统计学专业的学生在学习过程中,仅仅掌握了一些基本的统计理论和方法,但对于如何使用编程语言(如Python、R)进行数据处理和分析,如何运用大数据分析工具(如Hadoop、Spark)进行大规模数据的存储和计算,却知之甚少。这种教育模式导致学生在面对大数据环境时,缺乏实际操作能力,难以将所学的理论知识应用到实际的数据分析中。

二、研究意义

本书旨在深入剖析大数据时代统计学教育的现状,并提出一套适应大数据技术发展要求的教育改革方案,具有多方面的重要意义。

从学科层面来看,本书深入探讨了大数据对统计学教育的多维度影响。通过对现有教学模式的全面分析,能够精准识别出传统教育中存在的不足与局限。在教学内容方面,传统统计学教育过于注重理论知识的传授,而对大数据时代所需的数据分析技能和工具的教学相对匮乏。在教学方法上,传统的讲授式教学难以激发学生的学习兴趣和主动性,无法满足大数据时代对学生实践能力和创新思维的培养要求。

在教学方法创新方面,本书提出了基于现代技术的改革思路。随着大数据分析工具、计算机技术以及数据科学等领域的不断发展,统计学教育可以充分利用这些新技术来推动教学模式的转型。例如,利用大数据分析工具可以让学生更加直观地处理和分析大规模数据,提高学生的实际操作能力。通过引入计算机编程课程,学生可以掌握数据分析的核心技能,增强解决实际问题的能力。数据科学的跨学科特性也为统计学教育提供了新的视角和方法,促进统计学与其他学科的融合,培养学生的综合素养。

本书为学术界提供了重要的理论支持。通过对大数据时代统计学教育的深入研究,丰富了统计学教育的理论体系,为后续的学术研究提供了新的研究方向和思路。同时,研究成果也为教育工作者提供了具有实践指导意义的建议。教育工作者可以根据本研究提出的改革方案,调整教学内容和方法,优化课程设置,提高教学质量。例如,在课程设计中增加大数据分析工具和编程课程,采用项目式教学、案例教学等方法,让学生在实践中学习和成长。

第二节　大数据时代统计学教育的挑战与机遇

一、大数据及其目的

(一)大数据的定义与构成

在当今数字化的时代,互联网和物联网的飞速发展产生了海量的数据,这些数据共同构成了大数据的庞大体系。从统计学的专业视角来看,为了达到特定的准确率要求,传统上常采用取样方法来减少样本数目。这一过程涉及对变量进行一系列复杂的操作,如选择、降维、压缩和分解等。选择变量是从众多可能的变量中挑选出与研究问题最为相关的部分,以避免无关信息的干扰;降维则是通过特定的算法将高维数据转换为低维数据,同时尽可能保留数据的关键信息;压缩是对数据进行精简处理,减少数据的存储空间和传输成本;分解则是将复杂的数据结构拆分成更易于分析的子结构。

从更宽泛的范畴来看,大数据具有广泛的覆盖性,涵盖了多源数据、混合数据以及来自自然科学、人文社会、经济、网络、通讯、商业和娱乐等多个领域的数据。这些数据形式多样,包含了文字和语言、视频和图像、时空网络和图像等多种类型。例如,在社交媒体平台上,用户发布的文字动态、上传的图片和视频等都属于大数据的范畴;在交通领域,通过传感器收集的车辆行驶轨迹、交通流量等时空网络数据也是大数据的重要组成部分。

(二)大数据的目的

大数据的核心目的在于将海量的数据转化为人类对客观事物规律的深刻把控,并深入探讨这些规律产生的机理。通过对大数据的分析和挖掘,我们可以发现隐藏在数据背后的潜在模式、趋势和关系,从而为决策提供有力的支持。例如,在医疗领域,通过对大量患者的病历数据、基因数据等进行分析,可以发现某些疾病的发病机制和治疗规律,为医学研究和临床实践提供重要的参考。此外,大数据还具有记录和保护自然环境和社会状况的重要作用。随着科技的进步,人们可以通过各种技术手段获取更多的数据,从而全面、准确地记录社会和经济发展的整个过程。人们对数据所反映的客观真理充满了渴望,希望能够持续对阶段性数据进行深入分析和解释。大数据将成为人类和自然社会发展的悠久历史记录,即使是像转基因食品对后代影响这样具有长期性和不确定性的问题,也能通过大数据为后代留下宝贵的历史数据,为未来的研究和决策提供依据。

二、大数据带来的变革

(一)研究驱动力的转变

大数据时代正经历着深刻的变革,其中一个显著的变化是研究驱动力的转变。在当前阶段,人们通常以"研究问题"作为"收集数据"的动力,即先明确研究的问题,然后有针对性地收集相关的数据进行分析。然而,在未来,随着大量信息的广泛扩散,"数据"将成为人们学习和研究问题的新推动力。就像在旅行中,人们现在会主动询问目的地的天气、交通状况和酒店状况等信息,以便做出合理的决策;在未来,人们将根据已有的大量数据调查结果来指导自己的决策。

(二)知识获取方式的变化

在知识获取方面,大数据时代也呈现出与以往不同的特点。过去,希腊的哲学家们犹如百科全书,拥有广泛的知识;自文艺复兴时期起,各大院校开始形成各自的专长领域,而在大数据时代,百科全书式的知识获取方式又将重现。大数据的广泛应用会削弱专业人士在各方面的传统影响,甚至可能导致某些专业角色的消失。例如,许多统计学家、物理学家和信息技术专家以往依赖于他们对数据的敏感度和处理技巧来开展工作。但在大数据环境下,如果存在成千上万的中文书及其阿拉伯语翻译,即使一个人不懂阿拉伯语,也可以借助这些数据将任意看到的中文翻译为阿拉伯语。

(三)大数据的应用与人工智能训练

大数据作为一种独特的数据形式,具有广泛的应用范围。在整个应用过程中,通过机器学习可以实现意想不到的人工智能训练效果。以医疗和消费领域为例,通过对医疗记录和信用卡消费数据的分析,我们可以更好地理解食物与卫生之间的联系,从而指导人们进行健康的膳食规划。如果人们拥有手机、全球定位系统等设备产生的数据,还可以实现健康检查、健康教育、减少猝死风险以及帮助医生诊断等一系列有用的功能。例如,通过分析手机运动数据和心率数据,可以及时发现用户的健康异常情况,并提供相应的健康建议;医生可以根据患者的历史医疗记录和实时健康数据,做出更准确的诊断和治疗方案。

三、大数据对统计学教育的挑战

大数据时代不仅带来了对数据处理能力的需求提升,也对统计学教育的内涵和外延提出了严峻的挑战。

第一,在大数据时代,数据呈现出爆发式增长,其复杂性也显著增加。传统的统计学方法更多聚焦于处理小规模数据集,这些数据集通常具有结构清晰、维度较低、数据量有限等特点。例如，在传统的市场调研中，可能仅收集几百份调查问卷的数据，通过简单的统计分析方法，如均值、方差等计算，就能得出有价值的结论。然而，在大数据环境下，数据的规模可能达到PB甚至EB级别，且具有高维度、动态性和实时性等特点。以互联网电商平台为例，每天会产生海量的交易数据，这些数据不仅包含商品的基本信息、交易金额、交易时间等结构化数据，还包含用户的评价文本、浏览记录、搜索关键词等非结构化数据。同时，数据的维度可能多达数十甚至上百个，且数据会随着时间不断更新和变化。这种数据的复杂性要求统计学教育必须涵盖更加先进和灵活的统计学工具，特别是在大规模数据集的处理和多变量分析方面。例如，需要教授学生如何使用分布式计算框架（如Hadoop、Spark）来处理大规模数据，如何运用主成分分析、因子分析等方法进行多变量降维，以提取数据中的关键信息。此外，现有的统计学课程多以数学为主，主要侧重于概率论、数理统计等理论知识的传授，缺乏对现代数据分析工具、计算方法和编程能力的关注。这使得学生在面对大数据应用时，如进行数据挖掘、机器学习模型构建等，常常感到力不从心。

第二，传统统计学教育更强调理论推导和数学推理，注重培养学生对统计学原理的理解和证明能力。例如，在课堂上，教师会花费大量时间讲解各种概率分布的性质、参数估计的方法以及假设检验的原理等。尽管理论知识对统计学的基础性作用不可否认，但随着数据应用的复杂化，统计学已经不仅仅是一个数学学科，而是与信息技术、计算机科学紧密结合的跨学科领域。在实际的大数据分析工作中，仅仅掌握理论知识是远远不够的。例如，在进行数据分析时，需要使用编程语言（如Python、R）来实现数据的清洗、预处理和分析算法；需要掌握数据库管理系统（如MySQL、Oracle）来存储和管理数据；需要运用机器学习和深度学习算法（如决策树、神经网络）来进行数据建模和预测。传统的教学方法往往以教师为中心，采用讲授式教学，学生被动地接受知识，缺乏实际操作和实践经验。这导致学生在毕业后，无法快速适应实际工作中的数据分析需求，缺乏解决实际问题的能力。

第三，大数据时代的教育体系需要更强的跨学科整合能力。大数据分析不仅仅依赖于统计学本身，还需要计算机科学、人工智能、机器学习等多学科的交叉合作。例如，在进行图像识别、自然语言处理等大数据分析任务时，需要运用计算机科学中的算法设计、数据结构等知识，以及人工智能和机器学习中的模型训练、优化等技术。然而，当前的统计学教育体系通常侧重于学科内的深耕，课程设置主要围绕统计学的核心理论和方法展开，而缺乏与计算机科学等学科的结合。例如，统计学专业的学生可能对概率论、数理统计等知识有深入地理解，但对计算机编程、数据库管理等知识了解甚少。这使得学生在实际工作中，无法快速适应和应对复杂的数据分析需求，难以将不同学科的知识和方法融合起来，解决实际问题。

四、大数据时代统计学教育的机遇

尽管大数据时代给统计学教育带来了严峻的挑战,但也为其带来了丰富的机遇。

第一,大数据技术的进步为统计学教育提供了丰富的教学资源和实践平台。在过去,学生学习统计学主要依赖于传统的教材和理论课程,这些教材中的案例往往是经过简化和抽象的,与实际的大数据应用场景存在一定的差距。在大数据时代,学生能够接触到实际的大数据集,这些数据集来自各个领域,如金融、医疗、交通等,具有真实、复杂和多样化的特点。通过使用现代数据分析工具,如 Python、R、SQL 等,学生可以对这些大数据集进行分析和处理,提高自己的实践能力和分析能力。例如,学生可以使用 Python 的数据分析库(如 Pandas、Numpy)来进行数据清洗和预处理,使用机器学习库(如 Scikit-learn)来进行模型训练和预测,使用可视化库(如 Matplotlib、Seaborn)来进行数据可视化展示。

第二,大数据技术推动了教育方式的创新。传统的教学模式往往以教师为中心,教师在课堂上进行知识的传授,学生被动地接受知识,学习方式较为单一。大数据技术的引入,使得个性化学习成为可能。通过对学生的学习数据进行收集和分析,如学生的学习进度、作业完成情况、考试成绩等,教育者可以了解每个学生的学习特点和需求,为学生提供个性化的学习建议和指导。例如,当学生在某个知识点上遇到困难时,系统可以自动推送相关的学习资源,如视频教程、练习题等,帮助学生更好地掌握该知识点。同时,教育者可以根据学生的学习情况,实时调整教学内容和教学进度,提高教学的针对性和有效性。此外,大数据技术的应用也推动了教学内容的多样化。教学者可以在课堂上使用实际案例、模拟实验等方式,使统计学教学更加生动和实用。例如,通过引入金融市场的实际数据,让学生进行风险评估和投资决策分析;通过模拟实验,让学生亲身体验统计学方法在实际问题中的应用。

第三,大数据时代为统计学教育带来了跨学科整合的机遇。数据科学的兴起,促使统计学与计算机科学、人工智能等学科的交融成为必然趋势。统计学作为数据科学的核心学科之一,为数据的分析和解释提供了理论基础和方法支持;而计算机科学则为数据的存储、处理和分析提供了技术手段;人工智能和机器学习则为数据的建模和预测提供了强大的算法和工具。统计学教育不仅需要传授统计学基础知识,更需要培养学生的跨学科思维能力。通过跨学科的融合,学生不仅能够掌握统计学的方法和技术,还能够掌握计算机科学和数据科学的相关知识,从而培养出具有全方位能力的复合型人才,满足大数据时代对统计学人才的需求。例如,在课程设置上,可以开设数据挖掘、机器学习、深度学习等跨学科课程,让学生了解不同学科的知识和方法,并学会将它们应用到实际的数据分析中。

第三节 研究目标、方法与框架

一、研究目标与主要问题

(一)研究目标阐述

本研究的主要目标是深入探讨大数据时代统计学教育的改革和发展方向,旨在提出一套切实适应大数据时代需求的统计学教学模式和方法。这一目标的设定具有重要的时代意义,因为在大数据浪潮席卷各个领域的当下,统计学教育必须紧跟时代步伐,以培养出能够应对复杂数据挑战的专业人才。具体而言,研究目标涵盖以下几个关键方面:

第一,深入分析大数据时代统计学教育的需求和挑战,这是开展后续研究的基础。大数据时代的数据特征,如海量性、多样性、高速性和高价值性等,对统计学教育提出了全新的要求。传统的统计学教育模式在处理大规模、复杂结构的数据时显得力不从心,因此明确统计学教育改革的必要性和紧迫性至关重要。例如,在金融领域,高频交易产生的海量数据需要更高效的统计分析方法进行风险评估和市场预测;在医疗领域,基因测序数据的复杂性要求统计学教育培养学生具备处理高维数据的能力。

第二,研究大数据时代统计学教育的发展趋势,为统计学专业的课程设置和教学内容的更新提供参考。随着大数据技术的不断发展,统计学与计算机科学、人工智能等学科的交叉融合日益加深。新的统计理论和方法不断涌现,如深度学习中的统计建模、大数据分析中的分布式统计方法等。了解这些发展趋势,有助于合理调整统计学专业的课程体系,增加相关前沿课程的设置,使教学内容与时俱进。例如,可以引入数据挖掘、机器学习等课程,培养学生运用现代技术进行数据分析的能力。

第三,探索适合大数据时代的统计学教学方法和手段,提高统计学教育的质量和效果。传统的教学方法以讲授为主,注重理论知识的传授,而大数据时代的统计学教育需要更加注重实践能力的培养。因此,需要探索新的教学方法,如项目式学习、案例教学法等,让学生在实际项目中运用所学的统计学知识和技能,提高他们解决实际问题的能力。

第四,建立科学合理的统计学教学评价体系,以评估教学改革的成效。教学评价是教学过程的重要环节,它能够为教学改革提供反馈信息,帮助教师调整教学策略。在大数据时代,传统的以考试成绩为主的评价方式已经不能全面反映学生的学习成果和能力水平。因此,需要建立多元化的教学评价体系,综合考虑学生的课堂表现、作业完成情况、项目实践能力、数据分析报告等多个方面,全面、客观地评价学生的学习效果和教学改革的成效。

(二)主要问题聚焦

围绕上述研究目标,本研究主要关注以下几个核心问题:

大数据对统计学理论和方法的影响有哪些？大数据的出现不仅改变了数据的规模和结构，也对统计学的理论和方法提出了挑战和机遇。一方面，传统的统计模型在处理大数据时可能会面临计算复杂度高、模型拟合效果差等问题；另一方面，大数据也为统计学的发展提供了新的契机，如基于大数据的非参数统计方法、高维数据分析方法等。深入研究大数据对统计学理论和方法的影响，有助于推动统计学的创新发展。

如何在统计学教育中培养学生的大数据分析能力？大数据分析能力是大数据时代统计学专业学生必备的核心能力之一。培养学生的大数据分析能力需要从多个方面入手，包括课程设置、教学方法、实践教学等。例如，在课程设置上，可以增加与大数据分析相关的课程，如大数据存储与管理、大数据挖掘技术等；在教学方法上，可以采用案例教学、项目实践等方式，让学生在实际操作中提高大数据分析能力。

如何设计适应大数据时代的统计学课程体系？课程体系是实现教育目标的重要载体，设计适应大数据时代的统计学课程体系需要综合考虑多方面因素。既要保留统计学的核心理论和方法，又要融入大数据分析的相关知识和技能。同时，还需要考虑课程之间的衔接和整合，形成一个有机的整体。例如，可以将统计学课程分为基础课程、专业课程和实践课程三个模块，基础课程注重统计学基本理论和方法的传授，专业课程侧重于大数据分析相关知识的学习，实践课程则让学生在实际项目中应用所学知识。

如何评价大数据时代统计学教育的质量和效果？评价大数据时代统计学教育的质量和效果需要建立科学合理的评价指标体系。这个指标体系应该涵盖教学过程和教学结果的多个方面，如教学内容的实用性、教学方法的有效性、学生的学习成果和能力提升等。同时，还需要采用多元化的评价方法，如学生自评、教师评价、企业评价等，全面、客观地评价统计学教育的质量和效果。

二、研究方法与数据收集

（一）研究方法综合运用

为了实现研究目标，本研究将综合运用多种研究方法，以确保研究结果的科学性和可靠性。

第一，采用文献研究法，对国内相关的学术文献、政策文件和研究报告进行系统地梳理和分析。学术文献是前人研究成果的重要载体，通过对相关学术文献的研究，可以了解大数据时代统计学教育的研究现状和发展趋势，掌握该领域的前沿动态。政策文件则反映了政府对统计学教育的政策导向和要求，对研究具有重要的指导意义。研究报告通常包含了实际调研的数据和分析结果，能够为研究提供实证支持。通过对这些文献资料的系统梳理和分析，可以为研究提供理论基础和参考依据。例如，在研究大数据时代统计学教育的发展趋势时，可以参考国内外知名学者的研究成果，了解他们对该领域未来发展的预测和建议；在研究统计学教育政策时，可以分析各国政府出台的相关政策文件，了解政策的重点和方向。

第二,运用问卷调查法,对统计学专业的教师和学生进行调查。教师是教学改革的实施者,学生是教学改革的受益者,他们对大数据时代统计学教育的看法和需求具有重要的参考价值。通过设计科学合理的调查问卷,了解他们在教学和学习过程中遇到的问题和困难,以及对教学改革的期望和建议。例如,对于教师,可以调查他们对现有课程设置的满意度、对教学方法的使用情况以及对大数据分析技术的掌握程度等;对于学生,可以调查他们对统计学课程的兴趣、学习过程中遇到的困难以及对未来职业发展的规划等。

第三,采用案例研究法,选取一些在大数据时代统计学教育改革方面取得成功经验的高校或机构进行案例分析。这些成功案例代表了大数据时代统计学教育改革的先进实践,通过对它们的深入研究,可以总结出具有普遍借鉴意义的实践经验和做法。例如,可以选取一些在课程设置、教学方法创新、实践教学等方面表现突出的高校,分析它们的改革措施、实施过程和取得的成效。通过案例研究,可以为其他院校提供具体的操作模式和参考范例,推动统计学教育改革的广泛开展。

(二)数据收集途径与内容

在数据收集方面,除了通过问卷调查收集相关数据外,还将收集国内统计学专业的课程设置、教学大纲、教学案例等资料,以及大数据分析领域的相关数据和案例。

国内统计学专业的课程设置和教学大纲能够反映不同院校对统计学教育的定位和要求,通过对这些资料的收集和分析,可以了解当前统计学教育的现状和差异,为课程体系的设计提供参考。教学案例则是教学过程中的实际应用实例,能够帮助学生更好地理解和掌握统计学知识和方法。收集丰富的教学案例,可以为教学方法的创新提供素材,提高教学的实用性和趣味性。

大数据分析领域的相关数据和案例是研究大数据时代统计学教育的重要依据。这些数据和案例能够反映大数据分析的实际应用场景和需求,为教学内容的更新和实践教学的开展提供支持。例如,可以收集金融、医疗、电商等领域的大数据分析案例,让学生在实际案例中学习和应用统计学知识和方法,提高他们的数据分析能力和解决实际问题的能力。

三、研究框架与章节安排

本书的研究框架见图1-1。研究框架是整个研究的逻辑结构和组织体系。它明确了各个部分之间的关系和研究的流程,有助于保证研究的系统性和连贯性。

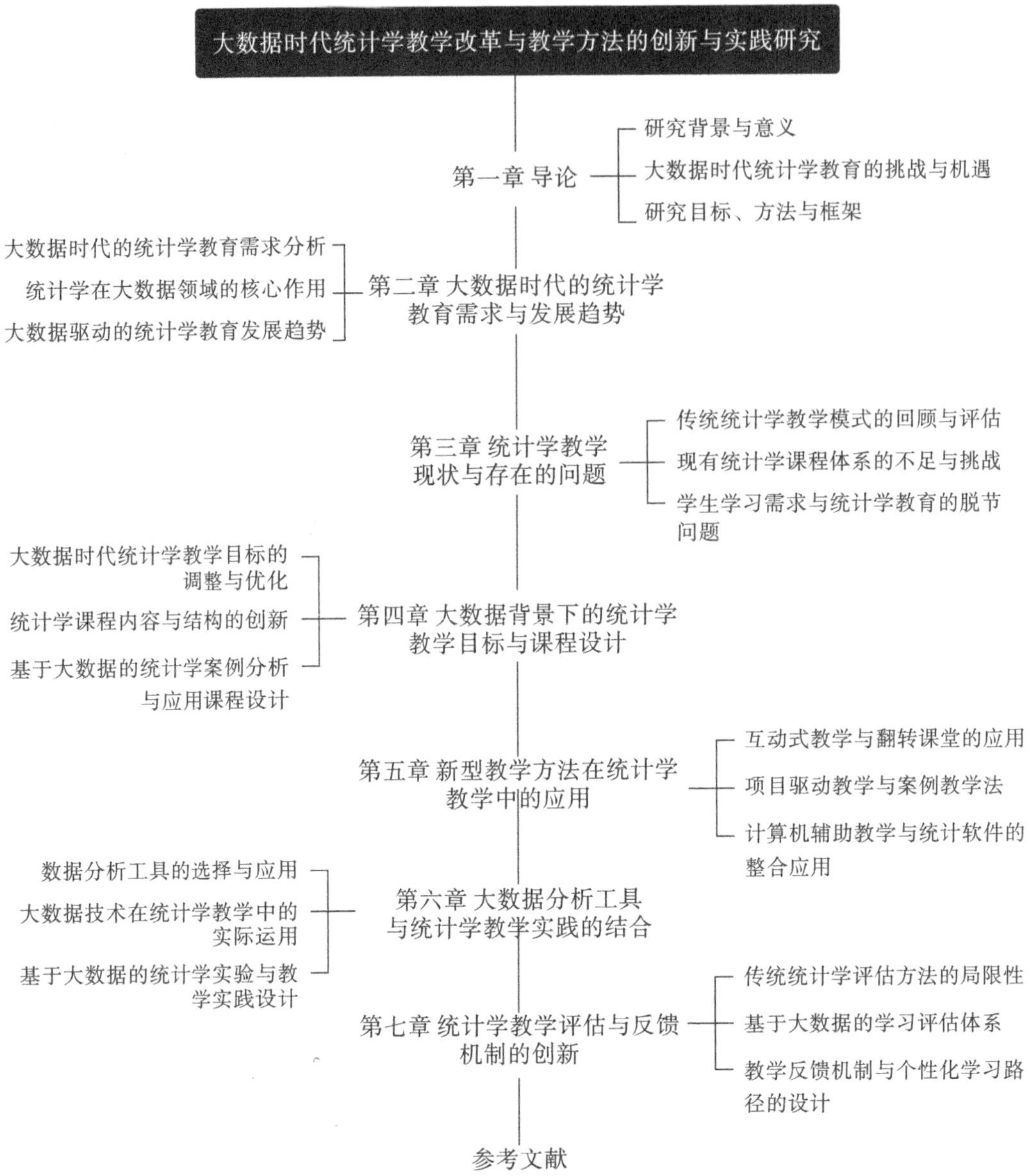

大数据时代统计学教学改革方式与教学方法的创新与实践研究

```
大数据时代统计学教学改革与教学方法的创新与实践研究
                    │
    ┌───────────────┼───────────────┐
    │   第一章 导论 ─┬─ 研究背景与意义
    │               ├─ 大数据时代统计学教育的挑战与机遇
    │               └─ 研究目标、方法与框架
    │
    大数据时代的统计学教育需求分析 ─┐
    统计学在大数据领域的核心作用 ───┼─ 第二章 大数据时代的统计学
    大数据驱动的统计学教育发展趋势 ─┘   教育需求与发展趋势
    │
    │   第三章 统计学教学 ─┬─ 传统统计学教学模式的回顾与评估
    │   现状与存在的问题   ├─ 现有统计学课程体系的不足与挑战
    │                     └─ 学生学习需求与统计学教育的脱节
    │                        问题
    │
    大数据时代统计学教学目标的
         调整与优化 ──────────┐
    统计学课程内容与结构的创新 ┼─ 第四章 大数据背景下的统计学
    基于大数据的统计学案例分析 ┘   教学目标与课程设计
         与应用课程设计
    │
    │   第五章 新型教学方法在统计学 ─┬─ 互动式教学与翻转课堂的应用
    │   教学中的应用                 ├─ 项目驱动教学与案例教学法
    │                               └─ 计算机辅助教学与统计软件的
    │                                  整合应用
    │
    数据分析工具的选择与应用 ─┐
    大数据技术在统计学教学中的┼─ 第六章 大数据分析工具
         实际运用            │   与统计学教学实践的结合
    基于大数据的统计学实验与教 ┘
         学实践设计
    │
    │   第七章 统计学教学评估与反馈 ─┬─ 传统统计学评估方法的局限性
    │   机制的创新                   ├─ 基于大数据的学习评估体系
    │                               └─ 教学反馈机制与个性化学习路
    │                                  径的设计
    │
    参考文献
```

图 1-1　研究框架

第二章

大数据时代的统计学教育需求与发展趋势

第一节 大数据时代的统计学教育需求分析

一、大数据技术发展对统计学的需求

数据的多样性和复杂性使得大数据的管理和分析成为极具挑战性的全新课题。统计学作为一门研究数据收集、整理、分析和解释的学科,在这一过程中发挥着基础性作用,为数据的存储、处理和分析提供了坚实的理论支持和丰富的实践应用指导。

(一)数据存储需求

传统的数据库存储方法是基于相对稳定和结构化的数据环境设计的,在面对大数据时代庞大的数据量时,其局限性日益凸显。传统存储方法通常采用固定的表结构和索引方式,难以灵活适应数据的动态变化和多样性。当数据量急剧增加时,数据的读写性能会显著下降,导致数据查询和处理的效率低下。此外,传统存储方法在处理非结构化数据(如文本、图像、视频等)时存在很大困难,无法充分发挥这些数据的价值。

为了有效地存储和管理海量数据,必须采用高效的存储架构。统计学在优化存储架构方面发挥着关键作用,特别是在数据的分布特征和相关性分析方面。数据的分布特征描述了数据在不同取值范围内的出现频率和集中趋势。通过统计学方法,如直方图、概率密度函数等,可以对数据的分布特征进行深入分析。例如,在电商平台中,用户的购买金额数据可能呈现出右偏态分布,大部分用户的购买金额较低,而少数用户的购买金额较高。了解这种分布特征后,可以采用分层存储的方式,将购买金额较低的用户数据存储在成本较低的存储介质中,而将购买金额较高的用户数据存储在性能较高的存储介质中,以提高存储效率和降低成本。

数据的相关性分析则是研究不同数据变量之间的关联程度。在电商平台中,通过分析消费者的购买行为数据,可以发现哪些商品经常一起购买。例如,购买婴儿奶粉的用户往往也会购买婴儿尿布和婴儿湿巾。利用统计学中的关联规则挖掘算法,可以识别出这些频繁项集,并将相关商品的数据存储在物理上相邻的位置。这种布局不仅能够提高数据的读取效率,因为当查询其中一种商品的数据时,相邻存储的相关商品数据也能快速被获取;同时,还可以减少数据存储的冗余度,因为相关数据可以共享一些存储资源,从而节约成本。

(二)数据处理需求

高维度数据意味着数据包含大量的特征或变量,这些特征之间可能存在复杂的相互关系。例如,在生物信息学中,基因表达数据可能包含数万个基因的表达水平信息;在金融风险评估中,可能需要考虑几十甚至上百个不同的风险因素。数据的复杂性还体现在其来源的多样性、数据类型的混合(包括结构化、半结构化和非结构化数据)以及数据的动态变化等方面。这种高维度和复杂性使得直接对数据进行分析变得极为困难,不仅计算成本高昂,而且容易受到噪声和冗余信息的干扰,导致分析结果的准确性和可靠性下降。

统计学的降维技术为解决高维复杂数据的处理难题提供了有效的手段。主成分分析(PCA)是一种常用的线性降维方法,它通过寻找数据的主成分,将高维数据投影到低维空间中,同时尽可能保留数据的方差信息。主成分是原始数据的线性组合,它们相互正交且具有最大的方差。通过保留前几个主成分,可以将数据的维度从高维降低到低维,同时保留数据的主要信息。在社交网络数据分析中,数据通常包含成千上万的特征,如用户的年龄、性别、兴趣爱好、社交关系等。但有些特征可能对最终的分析结果影响很小,属于冗余信息。通过主成分分析,可以找到数据中最重要的几个主成分,将数据的维度从成千上万降低到几个或几十个,从而减少数据的复杂性和噪声,提高数据处理的效率。

因子分析是另一种降维技术,它假设高维数据是由少数几个潜在的公共因子和特殊因子共同作用产生的。公共因子代表了数据的共同变化趋势,而特殊因子则代表了每个变量特有的变化。通过因子分析,可以找出这些公共因子,将原始数据表示为公共因子的线性组合,从而实现数据的降维。在市场调研中,消费者对产品的评价可能涉及多个方面的指标,如产品的质量、外观、价格、服务等。因子分析可以帮助我们识别出影响消费者评价的几个主要因子,如产品综合品质因子、价格敏感度因子等,从而简化数据结构,便于进一步的分析和决策。

聚类分析是一种无监督学习方法,它可以将相似的数据对象归类到同一个簇中,使得同一簇内的数据对象具有较高的相似性,不同簇之间的数据对象具有较大的差异性。在医疗领域,患者的特征和病情具有多样性。利用聚类分析技术,可以根据患者的年龄、性别、症状、疾病史、基因信息等多种特征,将患者进行分类。例如,将有心脏病的患者分为不同的亚型,每个亚型具有相似的病情特征和治疗反应。这样的分类结果可以为个性化治疗提供数据支持,医生可以根据患者所属的类别制定更加精准的治疗方案,提高治疗效果。在市场细分中,聚类分析可以帮助企业将消费者市场进行细分。通过分析消费者的购买行为、消费偏好、人口统计学特征等数据,将消费者划分为不同的群体,如高收入高消费群体、低收入注重性价比群体等。企业可以针对不同的细分市场制定不同的营销策略,提高市场竞争力和营销效果。

(三)数据分析和解读需求

大数据的分析与解读是大数据应用的核心环节。面对海量的、杂乱无章的数据,我们的核心目标是从中提取有价值的信息,发现其中隐藏的规律,并预测未来的趋势。这些有价值的信息可以为企业的决策、政府的政策制定、科学研究等提供重要的依据。例如,企业通过分析市场数据可以了解消费者的需求和偏好,从而调整产品策略和营销策略;政府通过分析社会经济数据可以制定更加合理的宏观经济政策;科学家通过分析实验数据可以揭示自然现象的本质和规律。

统计学提供了丰富多样的模型和方法,能够帮助我们实现大数据的分析与解读目标。回归分析是一种用于研究变量之间关系的统计方法。在金融领域,通过回归分析可以建立股票价格与宏观经济指标(如国内生产总值、利率、通货膨胀率等)之间的关系模型。例如,我们可以建立一个多元线性回归模型,以股票价格为因变量,以多个宏观经济指标为自变量。通过对历史数据的拟合和分析,我们可以得到各个自变量对股票价格的影响系数,从而为投资者提供决策参考。如果某个宏观经济指标的系数为正,说明该指标的增长会导致股票价格上涨;反之,如果系数为负,则说明该指标的增长会导致股票价格下跌。

时间序列分析主要用于处理随时间变化的数据。在金融市场中,股票价格、汇率、利率等数据都具有明显的时间序列特征。时间序列分析方法可以帮助我们分析这些数据的趋势、季节性、周期性等特征,并对未来的数值进行预测。例如,通过使用自回归积分滑动平均模型(ARIMA)对股票价格的历史数据进行建模和分析,我们可以预测未来一段时间内股票价格的走势,帮助投资者把握市场动态,做出合理的投资决策。

贝叶斯统计方法是基于贝叶斯定理的一种统计推断方法,它为数据的不确定性和风险分析提供了有效的工具。在实际应用中,我们往往面临着各种不确定性和风险,例如在投资决策中,我们无法准确预测股票价格的未来走势,存在着市场风险、行业风险等。贝叶斯统计方法可以将先验知识和样本数据结合起来,对未知参数进行后验推断。在需要做决策的场合,贝叶斯方法能够为我们提供更为合理的风险评估与预测。例如,在新药研发中,我们可以利用贝叶斯方法结合前期的临床试验数据和专家的先验知识,对新药的疗效和安全性进行评估,从而决定是否继续进行研发或推广。

二、大数据时代对统计学人才的培养要求

(一)基础知识的深入掌握

在大数据时代,统计学人才必须具备扎实的统计学基础,这是开展一切数据分析和研究工作的基石。概率论和数理统计作为统计学的核心内容,为理解和处理数据的不确定性与随机性提供了坚实的理论支撑。

概率论作为描述随机现象的数学工具,其涵盖的内容广泛且深入。随机事件的概率是概率论的基础概念之一,它通过精确的数学定义和计算方法,对随机事件发生的可能性进行量化。例如,在金融市场中,股票价格的波动是一个典型的随机现象。通过概率论,我们可以计算某只股票在特定时间段内上涨或下跌的概率,从而为投资者提供决策参考。随机变量的分布则进一步描述了随机变量取值的概率规律,常见的分布有正态分布、泊松分布、二项分布等。不同的分布在实际应用中有着不同的场景,如正态分布在自然科学和社会科学中广泛存在,许多自然现象和人类行为的测量结果都近似服从正态分布。数字特征如期望、方差、协方差等,能够从不同角度刻画随机变量的性质。期望反映了随机变量取值的平均水平,方差则衡量了随机变量取值的离散程度。在保险精算领域,概率论的应用尤为重要。保险公司需要根据概率论的原理,计算各种保险事件发生的概率,如人寿保险中的死亡概率、财产保险中的火灾概率等,以此来确定合理的保险费率,确保公司在承担风险的同时能够实现盈利。

数理统计则侧重于通过对样本数据的分析来推断总体的特征和规律,是统计学应用的核心方法。抽样理论是数理统计的重要组成部分,它研究如何从总体中抽取具有代表性的样本。在大数据背景下,由于数据量巨大,全面调查往往不现实且成本高昂,因此抽样方法显得尤为重要。简单随机抽样、分层抽样、系统抽样等不同的抽样方法各有优缺点,需要根据具体的研究问题和总体特征来选择合适的抽样方案。例如,在对全国消费者的消费行为进行研究时,由于不同地区、不同年龄段、不同收入水平的消费者消费行为存在差异,可以采用分层抽样的方法,按照地区、年龄、收入等因素将总体划分为不同的层次,然后从每个层次中独立地进行抽样,这样可以确保样本能够更好地代表总体的特征。参数估计和假设检验是数理统计的两大核心内容。参数估计是根据样本数据对总体的未知参数进行估计,分为点估计和区间估计。点估计通过构造一个统计量来估计总体参数的值,如用样本均值估计总体均值;区间估计则给出总体参数的一个可能取值范围,并给出该范围包含总体参数的概率。假设检验则是先对总体的参数或分布形式提出一个假设,然后根据样本数据来判断该假设是否成立。在市场调研中,通过对样本数据进行数理统计分析,可以推断出整个市场的消费趋势和需求特征。例如,企业想要了解某种新产品在市场上的受欢迎程度,可以先提出一个假设,如"该产品的市场占有率不低于20%",然后通过对样本数据进行假设检验,来判断这个假设是否成立,从而为企业的生产和销售决策提供依据。

（二）技术能力的掌握

随着大数据技术的迅猛发展，统计学人才不仅要精通传统的统计方法，还必须具备一定的技术能力，能够熟练运用现代数据分析工具进行数据处理和分析。数据挖掘技术、机器学习、编程语言等成为大数据时代统计学人才必备的技能。

数据挖掘技术是从海量数据中发现隐藏的规律和模式的过程，它融合了统计学、机器学习、数据库技术等多个领域的知识和方法，能够处理复杂的、高维度的数据。关联规则挖掘是数据挖掘中的一种重要方法，它通过分析数据集中不同项目之间的关联关系，发现潜在的规则。例如，在电商平台中，通过关联规则挖掘可以发现消费者购买商品之间的关联。如购买手机的用户往往也会购买手机壳和充电器，商家可以根据这些关联规则，在销售手机时推荐相关的配件，提高销售额。分类是将数据对象划分到不同的类别中，常见的分类算法有决策树、支持向量机、神经网络等。在客户细分中，分类算法可以根据客户的特征将客户划分为不同的群体，以便企业针对不同的客户群体制定个性化的营销策略。聚类是将数据对象按照相似性进行分组，使得同一组内的数据对象相似度较高，不同组之间的数据对象相似度较低。在市场调研中，聚类分析可以帮助企业发现不同的市场细分，了解不同消费者群体的需求和偏好。预测是根据历史数据对未来的趋势进行预测，如时间序列预测、回归预测等。在股票市场中，预测技术可以帮助投资者预测股票价格的走势，制定投资策略。

机器学习是一门多领域交叉学科，致力于研究如何让计算机通过数据和经验来自动学习和改进性能。监督学习是机器学习中最常见的类型之一，它通过给定的训练数据和对应的标签，学习输入数据和输出标签之间的映射关系，从而进行预测和分类。例如，在图像识别中，通过大量的标注图像作为训练数据，让机器学习模型学习图像特征与图像类别之间的关系，从而能够对新的图像进行分类。无监督学习则是在没有标签的情况下，对数据进行聚类、降维等操作，发现数据的内在结构和规律。在社交网络分析中，无监督学习可以将用户按照兴趣、行为等特征进行聚类，发现不同的用户群体。强化学习则是通过智能体与环境的交互，学习如何采取最优的行动策略以获得最大的奖励。在游戏领域，强化学习可以让智能体学习如何在游戏中做出最优的决策，提高游戏成绩。在大数据分析中，机器学习可以用来构建预测模型、进行异常检测、图像识别等。例如，在金融风险评估中，机器学习可以通过对历史数据的学习，构建风险预测模型，对未来的风险进行预测和预警。银行可以根据风险预测模型，对贷款申请人的信用风险进行评估，决定是否给予贷款以及贷款的额度和利率。

编程语言如 Python、R 等成为统计学人才的必备工具。Python 是一种高级编程语言，具有简洁、易读、功能强大等特点，拥有丰富的数据分析库。Pandas 库提供了高效的数据结构和数据处理工具，如 DataFrame 和 Series 等，能够方便地进行数据清洗、转换和分析。

例如,在处理包含大量缺失值和异常值的数据集时,Pandas可以快速地进行数据清洗,填充缺失值、去除异常值。NumPy库提供了高性能的多维数组对象和数学函数,能够进行高效的数值计算。在进行大规模数据的矩阵运算时,NumPy可以显著提高计算速度。Matplotlib库可以用来绘制各种类型的图表,如折线图、柱状图、散点图等,直观地展示数据的特征和规律。通过绘制图表,数据分析人员可以更直观地观察数据的分布和变化趋势,发现数据中的潜在问题。Scikit-learn库则提供了丰富的机器学习算法和工具,能够方便地进行机器学习模型的构建、训练和评估。例如,使用Scikit-learn可以快速地实现线性回归、逻辑回归、决策树等机器学习算法,并对模型的性能进行评估。R语言是一种专门用于统计分析和数据可视化的编程语言,它拥有大量的统计分析包和可视化工具。R语言的统计分析包可以实现各种统计方法和模型,如线性回归、逻辑回归、聚类分析等。可视化工具可以绘制各种高质量的统计图表,如散点图、柱状图、箱线图等。掌握这些编程语言和工具,统计学人才能够更高效地处理复杂的大数据集,提升数据分析的速度和精度。

(三)跨学科能力的培养

统计学的应用已经不再局限于统计学本身,随着数据科学的发展,统计学逐渐与计算机科学、人工智能、经济学、社会学、医学等学科深度融合。统计学人才需要具备跨学科的思维,能够将统计学的方法应用于不同领域的实际问题中,解决复杂的多领域问题。

在生物信息学中,统计学方法被广泛应用于基因数据分析和疾病预测模型的构建。基因数据通常具有高维度、复杂性和噪声等特点,需要运用统计学的降维技术、聚类分析、关联分析等方法进行处理和分析。降维技术可以将高维度的基因数据降低到较低的维度,同时保留数据的主要信息,便于后续的分析和可视化。例如,主成分分析(PCA)是一种常用的降维方法,它通过找到数据的主成分,将数据投影到低维空间中。聚类分析可以将基因分为不同的功能模块,从而深入了解基因的功能和调控机制。通过对基因表达数据进行聚类分析,可以发现哪些基因在不同的细胞类型或生理状态下具有相似的表达模式,这些基因可能参与了相同的生物学过程。关联分析可以研究基因与基因之间、基因与疾病之间的关联关系。例如,通过全基因组关联分析(GWAS),可以发现与某种疾病相关的基因位点,为疾病的发病机制研究和药物研发提供线索。在疾病预测模型的构建中,统计学可以利用病例对照研究、队列研究等方法,分析基因与疾病之间的关联,建立预测模型,为疾病的早期诊断和治疗提供依据。例如,通过对大量癌症患者和健康人的基因数据进行分析,建立癌症预测模型,预测个体患癌症的风险,从而实现癌症的早期筛查和干预。

在经济学领域,统计学为经济数据的分析和预测提供了强有力的工具。经济学研究涉及大量的数据,如国内生产总值(GDP)、通货膨胀率、失业率、利率等。统计学的时间序列分析、回归分析、面板数据分析等方法可以用来分析这些经济数据的趋势、关系和影响因素,预测宏观经济发展趋势,分析市场需求,帮助政府制定经济政策。时间序列分析可以对经济数据的时间序列进行建模和预测,如 ARIMA 模型、GARCH 模型等。通过对 GDP 时间序列的分析,可以预测未来的经济增长趋势,为政府制定宏观经济政策提供参考。回归分析可以研究经济变量之间的因果关系,如研究通货膨胀率与货币供应量、利率之间的关系。通过建立回归模型,可以分析不同因素对通货膨胀率的影响程度,为政府制定货币政策提供依据。面板数据分析可以同时考虑个体和时间两个维度的数据,分析个体之间和时间上的差异。例如,在分析不同地区的经济发展水平时,可以使用面板数据模型,考虑地区之间的差异和时间上的变化,更准确地分析影响经济发展的因素。通过建立宏观经济计量模型,可以分析不同政策变量对经济增长、通货膨胀等宏观经济指标的影响,为政府制定宏观经济政策提供参考。例如,政府可以通过调整财政政策和货币政策,影响经济增长和通货膨胀水平,而宏观经济计量模型可以帮助政府评估不同政策方案的效果,选择最优的政策组合。

在环境科学中,统计学被用来分析污染源、气候变化等问题,为政策制定提供数据支持。环境数据通常具有时空分布特征,需要运用统计学的空间统计分析、时间序列分析等方法进行处理和分析。空间统计分析可以研究环境数据的空间分布特征和空间相关性,如克里金插值、空间自相关分析等。通过对大气污染物浓度数据进行空间统计分析,可以了解污染物的空间分布特征和传播规律,确定污染源的位置和影响范围。例如,通过克里金插值方法,可以根据有限的监测站点数据,对整个区域的大气污染物浓度进行插值估计,绘制污染物浓度分布图,为环境管理和污染治理提供依据。时间序列分析可以研究环境数据随时间的变化趋势和周期性,如气候变化研究中对气温、降水等气象数据的分析。通过对历史气象数据的时间序列分析,可以发现气候变化的趋势和规律,建立气候模型,预测未来气候变化趋势。例如,通过分析过去几十年的全球气温数据,发现全球气温呈现上升趋势,并且可以预测未来气温的变化情况,为应对气候变化提供科学依据。政府可以根据这些研究结果,制定相应的环境保护政策和应对气候变化的措施,如减少温室气体排放、加强环境保护等。

第二节 统计学在大数据领域的核心作用

一、统计学的基础性作用

(一)数据收集与整理层面的基础作用

在大数据时代,数据的规模呈现出指数级的爆炸式增长,数据类型也变得极为复杂多样,涵盖了结构化数据(如数据库中的表格数据)、半结构化数据(如 XML、JSON 格式的数据)和非结构化数据(如文本、图像、音频、视频等)。若试图对所有数据进行全面收

集和处理,这不仅会消耗巨额的成本,包括人力、物力和财力,而且在实际操作过程中往往是不具备可行性的。因为全面收集数据可能会面临数据存储容量不足、处理时间过长等问题。

统计学的抽样理论和调查设计方法在此背景下凸显出至关重要的价值。抽样理论是统计学的重要组成部分,它基于概率论原理,为从海量数据中选取具有代表性的样本提供了科学的方法。抽样方法有多种,除了分层抽样,还有简单随机抽样、系统抽样、整群抽样等。以分层抽样为例,在进行全国性的消费者消费行为调查时,由于消费者数量众多,全面调查几乎是不可能完成的任务。此时,可以采用分层抽样的方法,根据地域(如东部、中部、西部)、年龄(如 18~25 岁、26~35 岁等)、收入水平(如低收入、中等收入、高收入)等因素将总体划分为不同的层次,然后从每个层次中独立地进行抽样。这样可以确保样本能够涵盖不同特征的消费者群体,从而更准确地反映总体的消费行为特征。通过对抽取的样本进行详细调查和分析,就可以以相对较低的成本和工作量推断出总体的情况。

调查设计方法则进一步规范了数据收集的过程,确保收集到的数据具有准确性和可靠性。在设计调查方案时,需要考虑调查的目的、对象、方法、时间等多个因素。例如,在进行市场调研时,要明确调研的目标是了解消费者对某一产品的满意度还是市场需求的规模;选择合适的调查方法,如问卷调查(适用于大规模调查)、访谈调查(适用于深入了解特定问题)、实地观察(适用于观察消费者的实际行为)等;确定合理的调查时间,以避免因时间因素对调查结果产生影响。比如,调查消费者对夏季服装的需求,如果在冬季进行调查,结果可能就不准确。通过科学的调查设计,可以有效地减少数据收集过程中的误差和偏差,提高数据的质量。

(二)数据描述与可视化方面的关键支撑

数据描述和可视化是理解和分析大数据的重要环节,统计学为这一环节提供了丰富的工具和方法。

统计指标是描述数据特征的重要手段。均值、中位数、众数等指标可以反映数据的集中趋势,让我们了解数据的中心位置。均值是所有数据的平均值,它容易受到极端值的影响。例如,在分析某公司员工的工资水平时,均值可以反映员工工资的平均水平,但如果数据中存在少数高薪员工(极端值),均值可能会偏高,此时中位数可能更能准确地反映大多数员工的工资情况。中位数是将数据按大小顺序排列后位于中间位置的数值,它不受极端值的影响。众数是数据中出现次数最多的数值,它可以反映数据的集中趋势。标准差、方差等指标则可以衡量数据的离散程度,反映数据的波动情况。在股票市场中,标准差可以用来衡量股票价格的波动幅度,投资者可以根据标准差的大小来评估股票的风险程度。标准差越大,说明股票价格的波动越大,风险也就越高。

图表方法则可以将数据以直观的方式展示出来,使数据更加易于理解和分析。直方

图可以展示数据的分布情况,帮助我们了解数据的集中和分散程度。例如,在分析学生的考试成绩时,通过绘制直方图可以直观地看到成绩的分布是否符合正态分布,以及各个分数段的学生人数情况。散点图可以用于分析两个变量之间的关系,通过观察散点的分布情况,可以判断变量之间是否存在线性关系、非线性关系或无明显关系。在研究气温与用电量之间的关系时,散点图可以帮助我们直观地发现两者之间的关联。如果散点呈现出上升的趋势,说明气温升高可能会导致用电量增加。箱线图则可以展示数据的四分位数、中位数、异常值等信息,为我们提供更全面的数据特征描述。箱线图的箱体部分表示数据的中间50%的范围,上下whisker表示数据的范围,异常值则用单独的点表示。

(三)推断与预测功能是大数据应用的重要支撑

统计学的推断和预测功能是大数据应用的核心驱动力之一,它能够帮助我们从有限的样本数据中获取关于总体的信息,并对未来的趋势进行预测。

推断方法基于样本数据对总体进行估计和假设检验。在质量控制领域,通过对产品样本的检测数据进行分析,可以利用假设检验的方法判断产品的质量是否符合标准。例如,某工厂生产的零件直径要求为一定的标准值,通过抽取一定数量的零件进行测量,然后进行假设检验。假设检验的步骤包括提出原假设和备择假设、选择合适的检验统计量、确定显著性水平、计算检验统计量的值并与临界值进行比较等。如果检验结果表明样本数据与标准值之间没有显著差异,则可以认为该批次产品的质量符合要求。参数估计则可以对总体的未知参数进行估计,如通过样本均值估计总体均值,通过样本方差估计总体方差等。

预测模型则可以根据历史数据对未来的趋势进行预测。时间序列分析是一种常用的预测方法,它通过对历史时间序列数据的分析,建立合适的模型来预测未来的时间序列值。在气象预报中,通过对历史气象数据的分析和建模,如使用ARIMA模型、GARCH模型等,可以预测未来的天气变化,为人们的生产生活提供重要的参考。ARIMA模型可以捕捉时间序列数据的线性趋势和季节性变化,而GARCH模型则可以更好地处理数据的波动性。在金融领域,预测模型可以用于股票价格的预测、汇率的波动分析等,帮助投资者做出合理的投资决策。例如,通过对历史股票价格数据的分析,建立ARIMA模型预测未来股票价格的走势,投资者可以根据预测结果决定是否买入或卖出股票。

二、大数据分析中的统计学方法应用

(一)回归分析在大数据分析中的广泛应用

回归分析是一种研究变量之间关系的重要统计学方法,在大数据分析中具有广泛的应用场景。

在预测方面,回归分析可以通过建立自变量与因变量之间的数学模型,根据自变量的值来预测因变量的值。在房地产市场分析中,房价受到多种因素的影响,如房屋面积、地理位置、周边配套设施等。通过收集大量的房地产交易数据,建立房价与这些因素之间的回归模型,可以预测未来房价的走势。例如,通过分析历史数据发现,房屋面积每增加一平方米,房价平均上涨一定的金额,地理位置越优越,房价越高。利用这些关系建立的回归模型,可以根据新的房屋特征数据预测其价格。回归模型有多种类型,如线性回归、非线性回归等。线性回归模型假设自变量与因变量之间存在线性关系,而非线性回归模型则可以处理更复杂的关系。

在因果推断方面,回归分析可以帮助我们确定变量之间的因果关系。通过控制其他可能的影响因素,分析自变量对因变量的影响程度。例如,在研究广告投入对产品销售额的影响时,可以通过建立回归模型,控制产品价格、市场需求等因素,分析广告投入的增加是否会导致销售额的增长,以及增长的幅度是多少。这种因果推断对于企业制定营销策略、评估政策效果等具有重要的意义。在建立回归模型时,需要注意变量的选择和模型的合理性,避免出现多重共线性等问题。

(二)聚类分析助力大数据的分类与细分

聚类分析是一种将数据对象划分为不同类别的方法,它可以帮助我们在大数据中发现数据的内在结构和规律。

在客户细分领域,聚类分析具有重要的应用价值。企业可以根据客户的消费行为、偏好、购买频率等特征,使用聚类分析方法将客户划分为不同的群体。例如,通过分析客户的购买历史数据,发现有些客户经常购买高端产品,对价格不敏感,而有些客户则更倾向于购买性价比高的产品。将这些客户划分为不同的类别后,企业可以针对不同类别的客户制定个性化的营销策略。对于高端客户群体,可以提供更优质的服务和高端的产品推荐;对于注重性价比的客户群体,可以推出更多的促销活动和优惠套餐。聚类分析的方法有多种,如层次聚类、K-均值聚类等。层次聚类可以将数据对象逐步合并或分裂,形成不同层次的聚类结构;K-均值聚类则是通过迭代的方式将数据对象划分为K个类别。

在图像识别、文本分类等领域,聚类分析也发挥着重要作用。在图像识别中,可以将相似的图像聚类在一起,为图像的分类和检索提供便利。例如,将所有的猫的图像聚类在一起,将所有的狗的图像聚类在一起。在文本分类中,可以将主题相似的文本聚类,帮助我们快速了解文本的内容结构和主题分布。例如,将所有关于科技的文本聚类在一起,将所有关于体育的文本聚类在一起。

(三)时间序列分析处理动态大数据

时间序列分析主要用于处理随时间变化的数据,在金融、经济、气象等领域具有广泛的应用。

在金融领域,股票价格、汇率等数据都是随时间变化的时间序列数据。时间序列分析可以帮助我们分析这些数据的变化趋势、周期性和波动性。通过对历史股票价格数据的分析,建立合适的时间序列模型,如 ARIMA 模型、GARCH 模型等,可以预测未来股票价格的走势。ARIMA 模型可以捕捉时间序列数据的线性趋势和季节性变化,而 GARCH 模型则可以更好地处理数据的波动性。投资者可以根据这些预测结果制定投资策略,降低投资风险。例如,当预测股票价格将上涨时,投资者可以买入股票;当预测股票价格将下跌时,投资者可以卖出股票。

在经济领域,时间序列分析可以用于分析宏观经济指标的变化趋势,如国内生产总值(GDP)、通货膨胀率、失业率等。通过对这些指标的时间序列分析,可以预测经济的发展趋势,为政府制定宏观经济政策提供依据。例如,通过分析 GDP 的时间序列数据,预测未来经济的增长速度,政府可以根据预测结果调整财政政策和货币政策,促进经济的稳定增长。如果预测经济将出现衰退,政府可以采取扩张性的财政政策和货币政策,如增加政府支出、降低利率等。

(四)关联规则挖掘发现大数据中的潜在关联

关联规则挖掘是一种用于发现数据中不同项目之间关联关系的方法,在电子商务、市场营销等领域具有重要的应用。

在电子商务中,关联规则挖掘可以用于商品推荐系统。通过分析用户的购买历史数据,发现哪些商品经常被一起购买,从而为用户推荐相关的商品。例如,当用户购买了一台电脑时,系统可以根据关联规则挖掘的结果,推荐鼠标、键盘、电脑包等相关配件。这种个性化的商品推荐可以提高用户的购买体验,增加用户的购买转化率。关联规则挖掘的算法有多种,如 Apriori 算法、FP-growth 算法等。Apriori 算法通过逐层搜索的方式发现频繁项集,进而生成关联规则;FP-growth 算法则通过构建 FP 树来提高挖掘效率。

在市场营销中,关联规则挖掘可以帮助企业了解消费者的购买行为和偏好,制定更有效的营销策略。通过分析消费者的购买数据,发现不同商品之间的关联关系,企业可以进行捆绑销售、交叉促销等活动。例如,发现购买洗发水的消费者往往也会购买护发素,企业可以将洗发水和护发素进行捆绑销售,提高销售额。

第三节 大数据驱动的统计学教育发展趋势

一、数据科学的兴起与统计学教育的关系

(一)数据科学兴起的时代背景与内涵

随着互联网技术的飞速发展、物联网设备的广泛普及以及社交媒体平台的爆炸式增长,数据正以指数级的速度不断累积。数据的来源极为广泛且复杂多样,互联网领域涵

盖了搜索引擎的搜索记录、电子商务平台的交易数据、在线视频与音乐平台的用户行为数据等;物联网方面,从智能家居设备收集的环境数据到工业生产线上传感器采集的设备运行数据,无所不包;社交媒体则产生了海量的文本、图像、视频等非结构化数据;金融交易领域更是涉及股票、债券、期货等各类金融产品的高频交易数据。这些海量的数据蕴含着巨大的价值,它如同一座尚未被充分开发的金矿,隐藏着关于市场趋势、消费者行为、社会现象等多方面的信息。然而,这些数据也带来了前所未有的挑战。数据的多样性使得其格式、结构和质量参差不齐,既有结构化的表格数据,也有半结构化的 XML、JSON 数据以及非结构化的文本、图像和视频数据。数据的高速增长要求处理和分析过程必须具备实时性,否则数据的价值将随着时间的推移而迅速降低。数据的海量规模则对存储、计算和处理能力提出了极高的要求。在这样的背景下,数据科学应运而生。它是一门融合了统计学、计算机科学、数学等多学科知识和技术的新兴学科。统计学为数据科学提供了数据收集、整理、分析和推断的理论基础,例如抽样理论、假设检验、回归分析等方法,能够帮助从数据中提取有意义的信息和规律。计算机科学则为数据的存储、处理和计算提供了技术支持,包括数据库管理系统、数据挖掘算法、机器学习模型以及分布式计算框架等。数学在数据科学中也起着关键作用,线性代数用于处理高维数据和矩阵运算,概率论为不确定性建模提供了工具,优化理论则用于模型的参数估计和算法的设计。

数据科学的核心目标是运用科学的方法和先进的技术,从海量数据中挖掘出有价值的信息和知识,以支持决策制定、预测未来趋势等。在商业领域,企业可以通过分析市场数据和消费者行为数据,制定更加精准的营销策略,提高市场竞争力;在医疗领域,利用医疗大数据可以进行疾病的早期诊断和个性化治疗方案的制定;在交通领域,通过分析交通流量数据可以优化交通规划和管理,缓解城市拥堵问题。

(二)数据科学为统计学教育带来的机遇和方向

1. 契合教育目标

统计学教育的核心目标是培养学生运用统计方法收集、整理、分析数据,并从数据中得出有价值结论的能力,以解决实际问题。传统的统计学教育侧重于理论知识的传授,如概率分布、参数估计、假设检验等内容,但在实际应用方面的训练相对不足,而数据科学同样强调数据的实际应用和解决实际问题的能力,二者在目标上高度契合。数据科学的兴起为统计学教育提供了一个良好的契机,使其能够更好地将理论与实践相结合。在数据科学的背景下,统计学的理论知识不再是孤立的概念,而是可以直接应用于实际问题的解决。例如,在市场调研中,学生可以运用统计学中的抽样方法收集数据,然后使用数据分析技术对数据进行整理和分析,最后根据分析结果得出关于市场需求、消费者偏好等方面的结论,为企业的决策提供支持。

2. 引入实际案例并拓展课程内容

将实际的大数据案例引入统计学教学中，能够让学生更加直观地感受到统计学在现实世界中的应用。在电商领域，通过分析用户的浏览记录、购买行为等大数据，可以预测用户的购买偏好，为精准营销提供支持。例如，亚马逊等电商平台利用用户的历史购买数据和浏览行为数据，构建用户画像，通过推荐算法为用户推荐他们可能感兴趣的商品，从而提高用户的购买转化率和平台的销售额。这种实际案例的引入，能够让学生深刻理解统计学在商业领域的重要性和应用价值。

在统计学课程中增加数据挖掘、机器学习等数据科学相关的内容，让学生了解如何运用统计学方法解决大数据分析中的实际问题。数据挖掘中的关联规则挖掘可以帮助商家发现商品之间的关联关系，从而进行合理的商品陈列和促销活动。例如，超市通过分析顾客的购物篮数据，发现购买面包的顾客往往也会购买牛奶，那么就可以将面包和牛奶摆放在相邻的位置，或者推出面包和牛奶的组合促销活动。机器学习中的分类算法可以用于客户细分，为不同类型的客户提供个性化的服务。例如，银行可以根据客户的信用记录、收入水平、消费习惯等数据，将客户分为不同的风险等级，然后为不同风险等级的客户提供不同的金融产品和服务。

（三）数据科学兴起对统计学教育提出的挑战

1. 拓宽课程体系

统计学专业的学生不仅需要深入掌握传统的统计学知识，如概率论、数理统计等，还需要学习计算机编程、数据库管理、算法设计等相关知识。传统的统计学教育主要侧重于理论知识的传授，对计算机技术和编程能力的培养相对较少。然而，在数据科学时代，处理和分析海量的数据需要强大的计算机技术支持。

计算机编程能力是处理和分析大数据的基础，学生需要掌握至少一种编程语言，如Python或R，以便能够运用这些工具进行数据处理和分析。Python是一种功能强大、易于学习的编程语言，拥有丰富的数据分析库，如NumPy、Pandas、Scikit-learn等，可以方便地进行数据处理、数据分析和机器学习模型的构建。R语言则是专门为统计分析和数据可视化设计的编程语言，具有丰富的统计分析包和可视化工具。

数据库管理知识可以帮助学生有效地存储和管理大量的数据。随着数据量的不断增加，传统的文件系统已经无法满足数据存储和管理的需求，需要使用数据库管理系统来存储和管理数据。学生需要学习数据库的基本原理、数据库设计方法以及SQL语言，以便能够设计和管理数据库，进行数据的查询和分析。

算法设计能力则有助于学生优化数据分析的过程。在处理大规模数据时，算法的效率至关重要。学生需要学习常见的算法设计方法，如贪心算法、动态规划算法等，以及数据挖掘和机器学习中的算法,如决策树算法、支持向量机算法等,以便能够根据不同的问题选择合适的算法,提高数据分析的效率和准确性。

2.培养跨学科思维和团队合作能力

在数据科学领域,解决实际问题往往需要跨学科的知识和技能。数据科学涉及统计学、计算机科学、数学、领域知识等多个学科领域,单一学科的知识和技能已经无法满足解决复杂问题的需求。因此,统计学教育需要注重培养学生的跨学科思维和团队合作能力。

学生需要学会与计算机科学家、数学家、领域专家等不同专业背景的人员合作,共同解决复杂的问题。例如,在医疗大数据分析项目中,统计学专业的学生需要与医学专家合作,了解医学领域的问题和需求,同时运用统计学方法对医疗数据进行分析,为疾病的诊断和治疗提供支持。医学专家可以提供医学领域的专业知识和数据,统计学专业的学生则可以运用统计学方法对这些数据进行分析,挖掘出潜在的医学信息。

培养跨学科思维和团队合作能力可以通过多种方式实现。例如,在课程设置中可以增加跨学科的项目实践课程,让学生在项目中与不同专业的学生合作,共同解决实际问题。学校还可以组织跨学科的学术讲座和研讨会,让学生了解不同学科领域的最新研究成果和应用案例,拓宽学生的视野,培养学生的跨学科思维。

二、跨学科合作与统计学教育的发展

(一)跨学科合作在大数据时代的重要性

在当今大数据时代,人类社会所面临的问题呈现出前所未有的复杂性和综合性。这些问题不再局限于单一学科的范畴,而是广泛涉及多个学科领域的知识和技术。例如,在智慧城市建设中,要实现城市的高效运行、可持续发展以及居民生活质量的提升,就需要综合考虑城市规划、交通工程、环境科学、计算机科学、统计学等多个学科的知识。单一学科的方法和手段由于其局限性,已经难以全面、深入地解决这些复杂问题。

统计学作为一门基础性学科,在众多领域都发挥着至关重要的作用。它与数学、计算机科学、经济学、生物学、医学等多个学科有着密切的联系。通过跨学科合作,统计学能够充分发挥自身的优势。一方面,统计学可以为其他学科提供数据收集、整理、分析和推断的方法和技术,帮助其他学科从海量的数据中提取有价值的信息和知识。例如,在天文学中,通过对天体观测数据的统计分析,可以发现天体的运动规律和演化趋势。另一方面,跨学科合作也为统计学自身的发展提供了新的机遇和挑战。不同学科的问题和需求可以促使统计学不断拓展其理论和方法,推动统计学向更广泛、更深入的方向发展。

(二)统计学与计算机科学的合作

1.推动数据处理和分析技术的发展

随着信息技术的飞速发展,计算机的运算速度不断提高,存储容量不断增大,同时还出现了分布式计算、云计算等先进的计算模式。分布式计算和云计算技术可以将大规模的数据处理任务分配到多个计算节点上进行并行处理,大大提高了数据处理的效率,而统计学则为数据的分析和解读提供了理论和方法。统计学中的抽样理论、假设检验、回归分析、聚类分析等方法,可以帮助我们从数据中发现规律、验证假设、预测趋势。通过将计算机科学的高效数据处理能力与统计学的数据分析方法相结合,可以推动数据处理和分析技术的不断发展。例如,在机器学习领域,计算机科学提供了算法实现和计算资源,而统计学则为模型的构建、评估和优化提供了理论基础。

2. 在统计学教育中的应用

在统计学课程中引入 Hadoop、Spark 等大数据处理框架的教学具有重要的意义。Hadoop 是一个开源的分布式计算平台,它由 HDFS(分布式文件系统)和 MapReduce(分布式计算模型)等核心组件组成。HDFS 可以将海量的数据分散存储在多个节点上,保证数据的可靠性和可扩展性;MapReduce 则可以将复杂的计算任务分解为多个子任务,在多个节点上并行执行,大大提高了计算效率。Spark 是一个快速通用的集群计算系统,它基于内存计算,具有高效的数据处理能力。Spark 提供了丰富的 API,支持 Java、Scala、Python 等多种编程语言,并且可以与 Hadoop 等其他大数据技术集成。通过学习这些大数据处理框架,学生可以掌握先进的数据分析工具和技术,提高自己的实践能力。在实际操作中,学生可以使用 Hadoop 和 Spark 来处理大规模的数据,如社交媒体数据、电商交易数据等。他们可以学习如何使用 Hadoop 的 MapReduce 编程模型进行数据处理,如何使用 Spark 的 RDD(弹性分布式数据集)和 DataFrame 进行数据的存储和分析。

(三)统计学与经济学、管理学等学科的合作

在经济学领域,统计学扮演着不可或缺的角色。经济学研究涉及大量的经济数据,如国内生产总值(GDP)、通货膨胀率、失业率、利率等。通过对这些经济数据的统计分析,可以深入了解经济的运行状况和发展趋势。例如,经济学家可以使用时间序列分析方法对 GDP 数据进行建模和预测,通过分析 GDP 的历史数据,建立合适的时间序列模型,如 ARIMA 模型,来预测未来的 GDP 增长趋势。

在管理学中,统计学同样具有广泛的应用。在市场调研方面,企业需要了解消费者的需求、偏好、购买行为等信息,以便制定合适的产品开发和营销策略。通过对消费者数据进行统计分析,如问卷调查数据、市场销售数据等,可以使用描述性统计方法分析消费者的基本特征和消费行为模式,使用相关性分析和回归分析方法研究影响消费者购买决策的因素。在质量控制方面,统计过程控制(SPC)方法可以对生产过程进行监控和改进。通过对生产过程中的质量数据进行统计分析,如产品的尺寸、重量、合格率等,绘制控制图,及时发现生产过程中的异常波动,采取措施进行调整,从而提高产品的质量。在绩效评估方面,统计学方法可以对员工的工作绩效进行量化评估。例如,使用关键绩效指标

（KPI）和统计分析方法，对员工的工作成果、工作效率、工作质量等方面进行评估，为企业的人力资源管理提供客观的依据。通过跨学科合作，统计学教育可以培养学生的应用能力和实践经验。在学习过程中，学生可以接触到经济学、管理学等不同学科的实际问题，学会运用统计学方法解决这些问题。例如，在经济学课程中，学生可以参与实际的经济数据调研和分析项目，运用统计学方法对经济数据进行处理和分析，撰写经济分析报告。在管理学课程中，学生可以参与企业的市场调研项目、质量控制项目等，运用统计学方法为企业提供决策支持。

（四）统计学与生物学、医学等学科的合作

统计学与生物学、医学等学科的合作催生了生物信息学、医学统计学等交叉学科的发展。在生物信息学领域，随着高通量测序技术的发展，生物学家可以获得大量的基因序列数据、蛋白质结构数据等。统计学方法在这些数据的分析和解读中发挥着关键作用。例如，在基因序列分析中，通过对大量基因序列数据进行统计分析，可以发现基因之间的关联关系、基因的表达模式等。可以使用聚类分析方法将具有相似表达模式的基因聚类在一起，推测它们可能具有相似的功能；使用关联规则挖掘方法发现基因之间的协同作用关系。在蛋白质结构预测方面，统计学方法可以根据已知的蛋白质结构数据建立预测模型，对未知蛋白质的结构进行预测。

在医学统计学领域，统计学方法在临床试验设计、疾病诊断和治疗效果评估等方面具有重要的应用。在临床试验设计中，合理的样本量计算和随机分组方法是保证试验结果科学性和可靠性的关键。通过统计学方法，可以根据研究目的、研究假设和预期的效应大小等因素，计算出所需的样本量，确保试验具有足够的统计功效。随机分组方法可以保证实验组和对照组在基线特征上具有可比性，减少偏移的影响。在疾病诊断方面，统计学方法可以用于建立诊断模型，通过对患者的临床症状、体征、实验室检查结果等数据进行分析，判断患者是否患有某种疾病以及疾病的严重程度。在治疗效果评估方面，统计学方法可以比较不同治疗方法的疗效差异，评估治疗的安全性和有效性。通过跨学科合作，统计学教育可以培养学生的跨学科视野和创新能力。在学习过程中，学生可以了解到生物学、医学等领域的前沿知识和问题，将统计学方法与这些领域的知识相结合，提出创新性的解决方案。例如，学生可以参与生物医学研究项目，运用统计学方法分析生物医学数据，发现新的生物学规律和医学现象；也可以参与临床试验项目，运用统计学方法设计试验方案、分析试验数据，为医学研究和临床实践提供支持。

三、大数据时代统计学课程与教学体系的未来趋势

（一）课程内容的更新和拓展

在大数据时代，数据呈现出海量、高维、多源、异构等特征，这对统计学课程内容提出

了更新和拓展的迫切要求。传统统计学课程主要侧重于经典的统计理论和方法,如概率论、数理统计、抽样调查等。然而,面对大数据环境下复杂的数据结构和分析需求,这些内容已难以满足实际应用的需要。

数据科学作为一门融合了数学、统计学、计算机科学等多学科知识的新兴领域,成为统计学课程更新的重要方向。数据科学涵盖了数据采集、数据清洗、数据分析、数据可视化等多个环节。在数据采集方面,学生需要了解各种数据源的特点和采集方法,包括网络爬虫技术、传感器数据采集等。例如,在社交媒体数据分析中,如何使用网络爬虫从各大社交平台获取用户的文本、图片、视频等数据。数据清洗是保证数据质量的关键步骤,学生需要掌握数据清洗的基本方法,如缺失值处理、异常点检测与修正、数据标准化等。数据分析环节则涉及各种统计分析和机器学习算法的应用,学生需要深入理解这些算法的原理和适用场景。数据可视化能够将复杂的数据以直观的图形、图表形式展示出来,帮助用户更好地理解数据和分析结果,学生需要学习常见的数据可视化工具和技术,如Python 的 Matplotlib、Seaborn 库,以及 Tableau 等专业可视化软件。

机器学习和深度学习是当前数据分析领域的热门技术,它们为大数据分析提供了强大的工具和方法。学生需要掌握常见的机器学习算法,如决策树、支持向量机、朴素贝叶斯、随机森林等。决策树算法可以用于分类和回归问题,它通过构建树形结构来进行决策,具有直观、易于理解的特点。支持向量机则在处理高维数据和小样本问题上表现出色,广泛应用于图像识别、文本分类等领域。深度学习是机器学习的一个分支,它通过构建深度神经网络来学习数据的复杂特征和模式。常见的深度学习模型包括神经网络、卷积神经网络(CNN)、循环神经网络(RNN)等。神经网络可以用于解决各种复杂的非线性问题,CNN 在图像和视频处理领域取得了巨大的成功,RNN 则在自然语言处理中表现优异。

为了让学生了解最新的数据分析技术和方法,高校可以开设数据挖掘、人工智能统计学等课程。数据挖掘课程可以系统地介绍数据挖掘的主要任务和算法,如关联规则挖掘、聚类分析、分类算法等。关联规则挖掘可以发现数据中不同变量之间的关联关系,例如在超市购物篮分析中,发现哪些商品经常被一起购买。聚类分析可以将数据对象划分为不同的类别,使得同一类别内的数据对象具有较高的相似度,而不同类别之间的数据对象具有较大的差异。分类算法则可以根据已知的样本数据构建分类模型,对未知数据进行分类预测。人工智能统计学课程可以深入探讨人工智能领域中的统计学原理和方法,如贝叶斯网络、马尔可夫链蒙特卡罗方法等。贝叶斯网络是一种基于概率推理的图形化模型,它可以用于处理不确定性问题和进行因果关系分析。马尔可夫链蒙特卡罗方法则是一种用于抽样和估计概率分布的数值计算方法,在贝叶斯统计和机器学习中有着广泛的应用。

课程内容需要更加注重实际应用,引入大量的实际案例进行教学,培养学生解决实际问题的能力。在金融领域,金融风险分析是一个重要的研究课题。通过引入金融风险分析的实际案例,学生可以学习如何运用统计学方法对金融市场数据进行分析,如股票价格波动、利率变化等,建立风险评估模型,预测金融风险的发生概率。在医疗领域,医疗影像诊断是一个具有挑战性的问题。学生可以通过分析医疗影像数据,如X光、CT等,学习如何运用机器学习和深度学习算法进行疾病的诊断和预测。在交通领域,交通流量预测对于城市交通规划和管理至关重要。学生可以运用时间序列分析、机器学习等方法对交通流量数据进行建模和预测,为交通管理部门提供决策支持。

(二)教学方法的创新

传统的讲授式教学方法以教师为中心,教师在课堂上主要通过讲解理论知识来传授信息,学生被动地接受知识。然而,在大数据时代,这种教学方法已经不能满足教学需求。大数据环境下的统计学知识具有复杂性、实践性和前沿性等特点,需要学生具备较强的自主学习能力、实践能力和团队合作能力。

项目式学习是一种以项目为导向的教学方法,它让学生通过参与实际的大数据项目,将所学的知识应用到实践中。在项目实施过程中,学生需要自主收集数据、分析数据、解决问题,这可以提高学生的实践能力和独立思考能力。例如,教师可以布置一个关于电商用户行为分析的项目,学生需要从电商平台获取用户的浏览记录、购买记录等数据,然后运用统计学方法和机器学习算法对数据进行分析,挖掘用户的购买偏好、消费习惯等信息,为电商平台的营销策略制定提供建议。在项目实施过程中,学生需要面对各种实际问题,如数据质量问题、算法选择问题、模型评估问题等,他们需要通过自主学习和探索来解决这些问题。同时,项目式学习通常需要学生组成团队进行合作,这可以培养学生的团队合作能力和沟通能力。在团队合作中,学生需要分工协作,共同完成项目任务,他们需要学会与团队成员进行有效地沟通和协调,发挥各自的优势,提高团队的整体效率。

案例教学是一种通过分析实际案例来传授知识和培养能力的教学方法。在大数据时代,统计学案例教学可以通过分析实际的大数据案例,让学生了解统计学方法在不同领域的应用。教师可以选择一些具有代表性和挑战性的大数据案例,如社交媒体数据分析、医疗大数据分析、金融大数据分析等。在案例分析过程中,学生需要对案例进行深入研究,运用所学的统计学知识和方法对案例进行分析和解决。例如,在社交媒体数据分析案例中,学生需要分析社交媒体平台上用户的文本数据,运用自然语言处理技术和统计学方法进行情感分析、话题挖掘等。通过案例教学,学生可以将抽象的统计学知识与实际问题相结合,提高他们的分析和解决问题的能力。

小组合作学习是一种以小组为单位进行学习和讨论的教学方法。在小组合作学习中,学生可以相互交流、相互学习、相互启发,共同完成学习任务。在大数据统计学教学中,小组合作学习可以应用于课程设计、项目实践等环节。例如,在课程设计中,教师可以将学生分成小组，每个小组选择一个与统计学相关的课题进行研究和设计。在小组讨论中，学生可以分享自己的想法和观点，共同探讨解决方案。

（三）教学资源的数字化和共享化

随着互联网技术的飞速发展，大量的在线教学资源如慕课（MOOC）、在线课程平台等涌现出来。这些数字化教学资源具有丰富多样、便捷高效的特点，可以为学生提供更加丰富和便捷的学习渠道。慕课是一种大规模开放在线课程，它通过互联网平台向全球范围内的学习者提供免费的课程资源。慕课课程通常由知名高校的教师授课，内容涵盖了各个学科领域，包括统计学。学生可以根据自己的需求和时间安排，选择适合自己的慕课课程进行学习。在线课程平台则整合了各种类型的在线课程资源，学生可以在平台上搜索和学习自己感兴趣的课程。这些在线课程通常采用视频教学、在线测试、讨论交流等多种教学形式，能够满足学生不同的学习需求。

第一，教学资源的数字化还体现在教学课件、案例、实验数据等方面。教师可以将自己的教学课件制作成电子文档或视频形式，上传到网络平台上，供学生随时下载和学习。同时，教师还可以收集和整理各种实际案例和实验数据，建立案例库和数据集，供学生进行分析和实践。这些数字化的教学资源可以为学生提供更加直观、生动的学习体验，帮助他们更好地理解和掌握统计学知识。

第二，教学资源的共享化可以促进不同学校和教师之间的交流与合作，提高教学质量和水平。学校可以建立统计学教学资源共享平台，将优秀的教学课件、案例、实验数据等资源进行共享，供教师和学生使用。教师可以通过共享平台获取更多的教学资源，丰富自己的教学内容。例如，教师可以借鉴其他学校教师的教学课件和案例，结合自己的教学实际进行改进和创新。同时，教师还可以在共享平台上分享自己的教学经验和成果，与其他教师进行交流和讨论，共同提高教学水平。学生可以通过共享平台获取更多的学习资源，拓宽自己的学习视野。学生可以在共享平台上下载优秀的教学课件和案例，进行自主学习和复习。

第三，教学资源的共享化还可以促进统计学教育的公平性。不同地区、不同学校的统计学教学资源可能存在差异，通过教学资源的共享化，可以让更多的学生享受到优质的教学资源，缩小地区和学校之间的教育差距。例如，一些偏远地区的学校可能缺乏优秀的统计学教师和教学资源，通过共享平台，这些学校的学生可以获取到与发达地区学校相同的教学资源，提高自己的学习质量。

第三章

统计学教学现状与存在的问题

第一节 传统统计学教学模式的回顾与评估

一、传统统计学教学模式的回顾

(一)教学目标与内容

传统统计学教学模式具有明确且重要的教学目标,其核心在于使学生扎实掌握统计学的基本概念、原理以及方法,为学生日后在众多领域运用统计知识解决实际问题筑牢根基。从学科体系来看,统计学作为一门研究数据收集、整理、分析和解释的学科,其知识体系广泛应用于社会科学、自然科学、工程技术等各个领域。

在教学内容方面,主要涵盖描述统计与推断统计两大关键板块。描述统计部分是统计学学习的基础起点,它着重于数据的收集、整理与展示。在数据收集环节,教师会详细教授学生如何设计科学合理的调查问卷。例如,在市场调研领域,一份优秀的调查问卷需要考虑问题的类型(如选择题、简答题等)、问题的顺序、问题的措辞等因素,以确保能够准确获取所需的数据。对于数据的整理,频数分布表是一种常用且有效的工具。通过将数据按照一定的区间进行分组,并统计每个区间内数据的频数,可以清晰地呈现数据的分布情况。直方图则以图形的方式直观地展示了数据的分布形态,让学生能够快速把握数据的集中趋势和离散程度。饼图则适用于展示各部分数据在总体中所占的比例关系,例如在分析企业不同产品的销售额占比时,饼图能够一目了然地呈现各产品的贡献。通过这些内容的学习,学生能够对数据的基本特征形成初步认识,其中数据的集中趋势(均值、中位数、众数)反映了数据的中心位置,而离散程度(方差、标准差)则体现了数据的分散程度。例如,在分析某班级学生的考试成绩时,均值可以反映班级的整体水平,而标准差则可以衡量学生成绩的差异程度。

推断统计是传统教学的重点和难点所在。它基于样本数据对总体特征进行推断,这在实际应用中具有极高的价值。因为在很多情况下,我们无法获取总体的全部数据,只能通过抽取样本进行分析。参数估计是推断统计的重要组成部分,包括点估计和区间估计。点估计是用样本统计量直接估计总体参数,例如用样本均值估计总体均值,用样本方差估计总体方差。然而,点估计只是一个单一的数值,无法反映估计的准确性和可靠性。因此,区间估计应运而生,它通过计算一个区间,并给出该区间包含总体参数的概率(置信水平),让我们能够更全面地了解总体参数的可能取值范围。例如,在对某地区居民的平均收入进行估计时,我们可以通过抽取一定数量的居民样本,计算样本均值和标准差,进而得到该地区居民平均收入的置信区间。假设检验则是另一个核心内容,它用于判断样本数据是否支持关于总体参数的某个假设。在假设检验过程中,学生需要掌握如何提出原假设和备择假设,这是进行检验的基础。原假设通常是我们想要推翻的假设,而备择假设则是我们希望得到支持的假设。选择合适的检验统计量是假设检验的关键步骤,不同的检验问题需要选择不同的检验统计量,如 Z 检验统计量、t 检验统计量等。最后,根据给定的显著性水平(通常为 0.05 或 0.01)进行决策,判断是否拒绝原假设。例如,在医学研究中,检验某种新药是否比传统药物更有效,我们可以提出原假设"新药与传统药物的疗效无差异",备择假设"新药比传统药物更有效",然后通过收集患者的数据,计算检验统计量,根据显著性水平做出决策。此外,传统教学还会涉及一些经典的统计分布,如正态分布、二项分布、泊松分布等。这些分布在统计学中具有重要的地位,它们描述了不同类型随机变量的概率分布规律。学生需要深入了解这些分布的特点、性质和应用场景,以便在实际问题中能够正确运用。例如,正态分布在自然界和社会现象中广泛存在,许多实际问题都可以近似用正态分布来描述;二项分布适用于描述独立重复试验中成功次数的分布,如抛硬币正面朝上的次数;泊松分布则常用于描述在一定时间或空间内随机事件发生的次数,如某医院在一天内接待的急诊患者人数。

(二)教学方法与手段

传统统计学教学主要采用讲授式教学方法,这种方法在知识传授方面具有独特的优势。在课堂上,教师占据主导地位,通过黑板板书或 PPT 演示,系统地讲解统计学的理论知识和方法。在讲解复杂的统计公式推导时,教师会一步一步地在黑板上进行演算,向学生展示每一个步骤的逻辑和依据。这种方式有助于学生深入理解公式的来源和含义,培养他们的逻辑思维能力。例如,在推导正态分布的概率密度函数时,教师会从概率的基本概念出发,逐步引入随机变量、分布函数等概念,通过一系列的数学推导,最终得到正态分布的概率密度函数表达式。通过这种详细的推导过程,学生不仅能够记住公式,更能够理解公式背后的数学原理。

为了帮助学生巩固所学知识,教师通常会布置一定数量的课后作业。作业内容主要包括理论推导题和实际应用题。理论推导题要求学生对所学的统计公式和定理进行证明和推导,加深对知识的理解。例如,要求学生证明中心极限定理,这需要学生综合运用概率论的知识,通过严谨的数学推导来完成。通过完成理论推导题,学生能够更加深入地理解统计学的基本原理,提高自己的数学素养和逻辑推理能力。实际应用题则让学生运用所学的统计方法解决实际问题,如分析市场调查数据、评估产品质量等。在解决实际问题的过程中,学生需要将理论知识与实际情况相结合,学会如何从实际问题中抽象出统计模型,选择合适的统计方法进行分析。例如,在分析市场调查数据时,学生需要根据调查的目的和数据的特点,选择合适的统计指标和分析方法,如均值、方差、相关性分析等,来揭示数据背后的规律和信息。通过作业,教师可以了解学生对知识的掌握程度,及时发现学生存在的问题并进行辅导。

在教学手段方面,传统教学主要依赖于教材和课堂讲授。教材是学生获取知识的主要来源,它系统地阐述了统计学的基本概念、原理和方法。教师会按照教材的章节顺序进行教学,确保学生能够全面、系统地学习统计学知识。课堂讲授则是知识传递的主要途径,教师通过语言表达和肢体动作向学生传授知识。虽然也会使用一些简单的教具,如统计图表、计算器等,但整体教学手段相对单一。统计图表可以帮助学生更直观地理解数据的分布和特征,例如在讲解直方图时,教师可以通过展示不同形状的直方图,让学生直观地感受数据的分布形态。计算器则可以帮助学生进行复杂的数值计算,提高计算效率。然而,这种相对单一的教学手段在一定程度上限制了学生的学习积极性和主动性,也难以满足现代教育对培养学生创新能力和实践能力的要求。

二、传统统计学教学模式的评估

(一)优点

1. 知识系统性强

传统教学模式在统计学知识传授方面展现出卓越的系统性,犹如精心搭建的大厦,从基石般的基本概念,到支撑结构的理论方法,再到实际应用的上层建筑,构建起一个完整且严密的知识体系。在基础概念层面,它为学生打开了统计学的大门,让学生清晰地认识到统计学作为一门研究数据收集、整理、分析和解释的科学,其核心概念如总体、样本、变量、数据类型等的准确内涵。这些概念是后续学习的根基,学生只有深刻理解了这些概念,才能在统计学的知识海洋中顺利航行。

进入理论方法阶段,传统教学模式遵循循序渐进的原则,引导学生逐步深入学习。以概率论和数理统计为例,学生首先会接触到概率的基本概念,如事件的概率、概率的基本性质等,这为后续理解随机变量及其分布奠定了基础。随机变量是概率论中的核心概念之一,它将随机现象数量化,使得我们可以用数学方法来研究随机现象。学生在学习随机变量的过程中,会进一步学习到不同类型的随机变量,如离散型随机变量和连续型随机变量,以及它们各自的分布规律,如二项分布、泊松分布、正态分布等。这些分布不仅是理论研究的重要对象,也是实际应用中常用的模型。

在掌握了概率论的基础知识后,学生将进入数理统计的学习。数理统计主要研究如何根据样本数据来推断总体的特征,这是统计学在实际应用中的关键环节。学生将学习抽样分布、参数估计和假设检验等重要内容。抽样分布是连接样本和总体的桥梁,它描述了样本统计量的概率分布规律。参数估计则是根据样本数据来估计总体参数的方法,包括点估计和区间估计。假设检验则是用于判断样本数据是否支持关于总体参数的某个假设的方法,它在科学研究、质量控制、市场调研等领域都有着广泛的应用。

2. 教师主导作用明显

在传统教学中,教师犹如经验丰富的领航员,发挥着不可替代的主导作用。他们凭借丰富的教学经验和深厚的专业知识,能够精准地把握教学节奏,根据学生的实际情况进行有针对性的教学。

教师丰富的教学经验使他们能够敏锐地察觉到学生在学习过程中遇到的问题和困难。在讲解复杂的统计概念和方法时,教师可以运用多种教学技巧,如举例、类比等,将抽象的知识变得更加直观易懂。例如,在讲解正态分布时,教师可以通过举例说明正态分布在自然界和社会现象中的广泛存在,如人的身高、体重、考试成绩等都近似服从正态分布。通过这些生动的例子,学生能够更好地理解正态分布的特点和应用。

教师还可以根据学生的学习进度和理解能力,及时调整教学方法和策略。对于学习能力较强的学生,教师可以提供一些拓展性的学习内容,引导他们进行深入研究;对于学习能力较弱的学生,教师可以放慢教学进度,加强对基础知识的讲解和辅导,确保他们能够跟上教学节奏。此外,教师在课堂上还能够及时解答学生的疑问,纠正学生的错误。当学生对某个概念或方法存在疑问时,教师可以通过详细地讲解和演示,帮助学生消除疑惑。当学生在作业或考试中出现错误时,教师可以及时指出错误,并帮助学生分析错误的原因,引导学生正确地理解和掌握知识。

教师的主导作用还体现在引导学生深入思考问题方面。在教学过程中,教师不仅要传授知识,更要培养学生的思维能力和创新能力。教师可以通过提出一些具有启发性的问题,引导学生进行思考和讨论,激发学生的学习兴趣和主动性。例如,在讲解假设检验时,教师可以提出一些问题,如"为什么要进行假设检验?""假设检验的结论是否一定正确?"等,引导学生深入思考假设检验的原理和应用。

3. 注重基础知识培养

传统教学模式将基础知识的培养视为统计学教学的重中之重,强调对统计概念、原理和方法的深入理解和熟练掌握,通过大量的理论推导和练习,为学生奠定坚实的统计学基础。

在统计概念方面,传统教学要求学生准确理解每个概念的内涵和外延。例如,对于

均值、中位数、众数等描述数据集中趋势的概念,学生不仅要知道它们的计算公式,还要理解它们在不同数据分布情况下的适用范围和优缺点。通过对这些概念的深入理解,学生能够在实际应用中正确选择合适的统计指标来描述数据。

在原理方面,传统教学注重对统计学基本原理的推导和证明。例如,在学习大数定律和中心极限定理时,学生需要掌握这些定理的数学推导过程,理解它们的本质含义。通过对这些原理的深入学习,学生能够从理论层面上把握统计学的内在规律,为实际应用提供坚实的理论支持。

在方法方面,传统教学强调对各种统计方法的熟练掌握。学生需要通过大量的练习,掌握统计分析方法的操作步骤和应用技巧。例如,在学习回归分析时,学生需要掌握如何建立回归模型、如何进行模型的估计和检验、如何解释回归结果等。通过反复练习,学生能够提高自己的计算能力和逻辑思维能力,熟练运用各种统计方法解决实际问题。

大量的理论推导和练习是传统教学中培养学生基础知识的重要手段。通过理论推导,学生能够深入理解统计学的基本原理和方法,培养自己的逻辑思维能力和数学素养。通过练习,学生能够巩固所学的知识,提高自己的应用能力和独立解决问题的能力。例如,在学习假设检验时,学生需要通过大量的练习题,掌握假设检验的步骤和方法,学会如何根据实际问题提出合理的假设、选择合适的检验统计量、确定显著性水平和临界值,并根据检验结果做出正确的决策。

(二)缺点

1. 教学方式单一

传统的讲授式教学方法以教师为中心,构建了一种相对封闭的教学环境,在这种环境中,学生主要扮演被动接受知识的角色,缺乏主动参与和互动的机会。

在课堂上,教师往往占据了大部分的时间进行讲解,学生则像忠实的听众,机械地记录着教师传授的知识。这种教学方式容易使课堂氛围变得沉闷压抑,缺乏生机与活力。例如,在一些大型的统计学课堂上,教师在讲台上滔滔不绝地讲解着复杂的统计公式和理论,学生在下面安静地坐着,专注于记录笔记,很少有机会发表自己的观点和想法。课堂上缺乏学生与教师之间、学生与学生之间的互动交流,使得学生的学习积极性和主动性受到了极大的抑制。教学方式的单一还体现在教学手段的局限性上。传统教学主要依赖于教材和黑板板书,虽然也会使用一些简单的教具,如统计图表、计算器等,但整体教学手段相对落后。随着信息技术的飞速发展,现代教学手段如多媒体教学、在线教学等已经广泛应用于教育领域,但传统教学模式在这方面的应用相对较少。这种落后的教学手段无法充分利用现代信息技术的优势,难以将抽象的统计知识以更加生动、形象的方式呈现给学生,从而影响了学生的学习效果。由于学生缺乏主动参与和互动,他们在学习过程中往往处于被动接受的状态,缺乏对知识的深入思考和探索。这种学习方式不

利于培养学生的创新能力和实践能力,使得学生在面对实际问题时,往往缺乏独立思考和解决问题的能力。例如,在学习统计分析方法时,学生可能只是机械地记住了公式和步骤,而不理解这些方法的实际应用场景和价值,当遇到实际问题时,无法灵活运用所学知识进行分析和解决。

2. 与实际结合不足

传统教学模式在教学过程中存在着过于注重理论知识传授,而忽视与实际应用相结合的问题,这使得学生所学的知识与实际需求之间存在一定的脱节。

教材中的例题和作业大多是为了讲解知识点而设计的,缺乏实际背景和现实意义。这些例题和作业往往是经过简化和理想化处理的,与实际情况存在较大的差距。例如,在学习回归分析时,教材中的例题可能只是简单地给出一组数据,要求学生建立回归模型并进行预测,而没有考虑到实际数据的复杂性和不确定性。在实际应用中,数据可能存在缺失值、异常值等问题,需要进行数据预处理和清洗;同时,还需要考虑到模型的选择、参数的估计和检验等问题,这些都是教材例题中所没有涉及的。

学生在学习过程中,往往只是机械地套用公式和方法,而不了解这些知识在实际中的应用场景和价值。他们缺乏将理论知识应用到实际问题中的能力,无法将所学的统计知识与实际工作和生活相结合。例如,在学习时间序列分析时,学生可能能够熟练地进行时间序列的建模和预测,但却不知道如何将时间序列分析应用到股票市场预测、气象预报等实际领域中。

由于与实际结合不足,学生在毕业后往往难以迅速适应实际工作的需求。在实际工作中,他们需要面对各种各样的实际问题,需要运用所学的统计知识进行分析和解决。但由于在学校里缺乏实际应用的训练,他们在面对实际问题时往往感到无从下手,需要花费大量的时间和精力来重新学习和适应。

3. 难以满足个性化需求

传统教学模式通常采用统一的教学大纲和教学方法,这种"一刀切"的教学方式难以满足不同学生的个性化需求。

每个学生的学习能力、兴趣爱好和学习目标都存在着差异。对于学习能力较强的学生来说,统一的教学进度可能过于缓慢,无法满足他们的学习需求。他们可能已经掌握了教师所讲授的知识,但由于教学进度的限制,不得不花费大量的时间在重复学习上,这不仅浪费了他们的时间和精力,还可能抑制他们的学习积极性和创造力。例如,在学习概率论时,一些学习能力较强的学生可能很快就掌握了基本概念和方法,但由于教学进度的安排,他们还需要和其他同学一起继续学习一些基础的内容,无法进一步深入学习一些拓展性的知识。而对于学习能力较弱的学生来说,统一的教学进度可能过于快速,他们可能跟不上教学节奏,导致学习困难。这些学生可能需要更多的时间和精力来理解

和掌握所学的知识,但在传统教学中,教师很难根据每个学生的具体情况进行因材施教。例如,在学习数理统计时,一些学习能力较弱的学生可能对某些概念和方法理解困难,但由于教学进度的要求,教师无法对他们进行详细的辅导,导致他们的学习效果不佳。

学生的兴趣爱好和学习目标也各不相同。有些学生对统计学的理论研究感兴趣,希望能够深入学习统计学的前沿知识;而有些学生则更关注统计学在实际领域的应用,希望能够学习一些实用的统计分析方法。但传统教学模式往往无法满足这些不同的需求,提供的教学内容和教学方法比较单一,缺乏针对性。

传统教学模式难以满足不同学生的个性化需求,不利于学生的全面发展和个性培养。在当今社会,个性化教育已经成为教育发展的趋势,传统教学模式需要进行改革和创新,以更好地满足学生的个性化需求。

第二节 传统统计学课程体系的不足

一、课程设置与大数据需求的脱节

(一)课程结构不合理

1. 传统理论课程主导现状

在当下众多高校的统计学专业课程体系中,传统理论课程仍然占据着绝对的核心地位。概率论与数理统计作为统计学专业的基础课程,其重要性毋庸置疑。概率论为统计学提供了理论基础,它研究随机现象的数量规律,通过对随机事件、概率分布、数字特征等概念的深入探讨,让学生理解随机变量的变化规律。数理统计则是基于概率论的原理,对数据进行收集、整理、分析和推断,从而为决策提供依据。这两门课程详细地阐述了统计学的基本概念、原理和方法,是学生构建完整统计学知识体系的基石。然而,在实际的课程安排中,传统理论课程所占的课时比重过大。以某综合性大学的统计学专业为例,概率论与数理统计这两门课程加起来的课时达到了整个专业基础课程课时的40%以上。这种过度倾斜的课时分配,使得学生将大量的时间和精力都投入到传统理论知识的学习中。在概率论的教学过程中,学生需要花费大量时间去理解复杂的概率模型和推导烦琐的数学公式,如大数定律、中心极限定理等。在数理统计课程中,学生又要深入学习抽样分布、参数估计、假设检验等内容,这些知识虽然对于培养学生的统计学思维和理论素养至关重要,但过多的课时投入也导致学生没有足够的时间去接触和学习其他相关知识。从教学目标和课程体系的角度来看,这种课时分配的不合理性更加明显。统计学专业的培养目标是为社会培养具有扎实统计学理论基础和较强实践能力的专业人才。然而,目前过度强调传统理论课程的教学,使得课程体系的整体结构失衡,忽视了对学生实践能力和创新能力的培养。学生在学习过程中,往往只是机械地记忆和理解理论知识,缺乏将理论应用于实际问题的能力。

2. 新兴技术课程设置不足

数据挖掘是从大量的数据中发现潜在模式和知识的过程,它综合了统计学、机器学习、数据库技术等多个领域的知识,能够帮助企业和组织从海量数据中提取有价值的信息。机器学习则是让计算机通过数据自动学习和改进的技术,它在图像识别、自然语言处理、预测分析等领域有着广泛的应用。深度学习作为机器学习的一个分支,通过构建深层神经网络模型,能够处理更加复杂和抽象的数据,在人工智能领域取得了显著的成果。然而,高校在课程设置上对这些新兴内容的重视程度远远不够。数据挖掘课程在很多高校仅仅被列为选修课,而且课时安排非常有限。一般来说,数据挖掘课程的课时可能只有32~48课时,相比之下,传统的概率论课程课时可能达到64课时甚至更多。由于课时的限制,学生在数据挖掘课程中只能学到一些基本的概念和简单的算法,难以深入学习和掌握复杂的数据挖掘技术,如关联规则挖掘、聚类分析等。关联规则挖掘是数据挖掘中的一个重要技术,它能够发现数据集中不同项目之间的关联关系,在市场营销、电子商务等领域有着广泛的应用。聚类分析则是将数据对象划分为不同的簇,使得同一簇内的数据对象具有较高的相似度,而不同簇之间的数据对象具有较大的差异,它在客户细分、图像分割等领域有着重要的应用。但由于课时不足,学生往往只能对这些技术有一个初步的了解,无法进行深入的实践和应用。

同样,机器学习和深度学习课程的设置也存在类似问题。机器学习课程通常只是简单介绍一些基本的算法,如决策树、支持向量机等,对于深度学习中的卷积神经网络、循环神经网络等前沿技术涉及较少。深度学习课程由于其难度较大,很多高校甚至没有开设。这使得学生无法系统地学习这些领域的前沿知识和技术,难以跟上大数据时代技术发展的步伐。在实际的大数据应用中,企业和组织越来越需要具备数据挖掘、机器学习和深度学习技能的专业人才,而高校课程设置的不足导致学生在这些方面的能力严重欠缺,从而影响了他们的就业竞争力和职业发展。

3. 对学生应对大数据挑战的影响

在实际的大数据应用场景中,数据的规模和复杂度远远超出了传统统计学课程所涉及的范围。以电商行业的用户行为数据分析为例,电商平台每天会产生数以亿计的交易记录和用户行为数据,这些数据具有高维度、非结构化等特点。高维度意味着数据包含了大量的特征变量,如用户的年龄、性别、购买历史、浏览记录等,这些特征之间可能存在复杂的相互关系。非结构化数据则包括用户的评论、图片、视频等,传统的统计学方法难以对这些数据进行有效的处理和分析。

学生在传统课程中学习的方法和工具主要适用于小规模、结构化的数据,难以处理如此复杂的数据。例如,传统的统计分析方法通常假设数据服从某种特定的分布,如正态分布,但在大数据环境下,数据的分布往往是未知的和复杂的,传统方法的假设不再成立。而且,传统的统计软件在处理大规模数据时也会面临性能瓶颈,无法满足实际需求。

由于新兴技术课程的缺乏,学生又无法掌握适用于大数据分析的有效方法。数据挖掘、机器学习和深度学习等新兴技术为处理大数据提供了强大的工具和方法。数据挖掘技术可以帮助学生从海量数据中发现潜在的模式和规律,机器学习算法可以对数据进行分类、预测和聚类,深度学习模型则可以处理更加复杂和抽象的数据。但由于学生在学校没有系统地学习这些技术,他们在面对大数据挑战时往往感到束手无策,无法有效地分析和解决实际问题。这种情况不仅影响了学生在学校的学习和研究,也对他们毕业后的职业发展产生了不利影响。在当今数字化时代,大数据已经成为各个行业的核心竞争力之一,企业和组织对具备大数据分析能力的专业人才需求日益增长。然而,由于高校课程结构的不合理,学生在毕业后难以快速适应工作岗位的要求,需要花费大量的时间和精力去重新学习和掌握相关的知识和技能,这不仅增加了他们的就业难度,也影响了他们的职业发展前景。

(二)课程内容更新缓慢

1. 大数据技术呈现快速发展态势

在当今数字化浪潮席卷全球的时代背景下,大数据技术正以前所未有的速度迅猛发展,新的算法、模型和工具如璀璨星辰般不断涌现,深刻地重塑着各个行业的生态格局。

从数据处理的维度来看,Hadoop 和 Spark 等大数据处理框架已然成为行业内的中流砥柱。Hadoop 作为一个开源的分布式计算平台,为大规模数据的存储和处理提供了全面且高效的解决方案。其核心组件 HDFS(Hadoop Distributed File System)具备强大的分布式存储能力,能够将海量数据分散存储在多个节点上,实现数据的高可靠性和可扩展性。即使面对 PB 级别的数据,HDFS 也能确保数据的安全存储和快速访问。MapReduce 编程模型则允许开发者在分布式环境下对大规模数据进行并行处理,极大地提高了数据处理的效率。

Spark 则凭借其卓越的内存计算能力在实时数据分析领域大放异彩。相较于传统的基于磁盘的计算方式,Spark 能够将数据缓存在内存中进行计算,大大减少了数据读写的时间开销,从而实现了数据的快速处理和分析。Spark 提供了丰富的高级 API,支持多种编程语言,如 Java、Python、Scala 等,方便不同背景的开发者进行快速开发。Spark Streaming 作为 Spark 的实时流处理组件,能够对实时数据流进行高效地处理和分析,满足企业对实时业务洞察的需求。

在机器学习和深度学习领域,新的算法和模型如雨后春笋般不断涌现,推动着人工智能技术的飞速发展。卷积神经网络(CNN)是一种专门用于处理具有网格结构数据的深度学习模型,在图像识别领域取得了突破性的进展。CNN 通过卷积层、池化层和全连接层的组合,能够自动提取图像的特征,实现对图像的高精度分类、检测和分割等任务。在安防监控领域,CNN 可以用于人脸识别、车辆识别等,大大提高了安全监控的效率和准确性。循环神经网络(RNN)及其变体,如长短期记忆网络(LSTM)和门控循环单元(GRU),则在自然语言处理中发挥着至关重要的作用。RNN 能够处理序列数据,通过记忆单元来捕捉序列中的上下文信息,在机器翻译、文本生成、情感分析等任务中取得了显著的效果。例如,谷歌翻译采用了先进的深度学习技术,其中 RNN 及其变体在语言模型的训练中起到了核心作用,使得翻译的质量和效率得到了大幅提升。此外,随着大数据技术的不断发展,一些新兴的技术和概念也逐渐崭露头角,如强化学习、生成对抗网络(GAN)等。强化学习通过智能体与环境的交互,不断学习最优的行为策略,在游戏、机器人控制、自动驾驶等领域具有广阔的应用前景。生成对抗网络(GAN)则由生成器和判别器两个神经网络组成,通过对抗训练的方式生成逼真的数据,在图像生成、数据增强、风格迁移等方面具有重要的应用价值。

2. 课程内容更新存在滞后表现

尽管大数据技术呈现出蓬勃发展的态势,但高校统计学专业的课程内容更新速度却远远滞后于技术的发展步伐,这一问题在多个方面表现得尤为明显。

教材作为课程内容的重要载体,其更新周期往往较长,难以跟上大数据技术快速迭代的节奏。许多教材中的内容仍然停留在几年前甚至十几年前的水平,对于当下热门的大数据处理框架和深度学习算法涉及较少。在数据存储和处理方面,教材可能仍然主要围绕传统的关系型数据库展开,如 MySQL、Oracle 等。关系型数据库以其严格的表结构和 SQL 查询语言,在数据管理方面具有一定的优势,如数据的一致性和完整性易于保证,适合处理结构化数据。然而,在大数据时代,数据的规模和复杂度急剧增加,大量的非结构化数据(如文本、图像、视频等)不断涌现,传统的关系型数据库在处理这些数据时显得力不从心。例如,关系型数据库在处理高并发、大规模数据写入和查询时性能较低,难以满足实时数据分析的需求。而且,关系型数据库的扩展性较差,当数据量超过一定规模时,需要进行复杂的数据库架构调整和硬件升级,成本较高。

相比之下,非关系型数据库,如 NoSQL 数据库(包括 MongoDB、Redis 等),具有灵活的数据模型、高可扩展性和高性能等特点,更适合处理大规模、非结构化数据。MongoDB 是一种文档型数据库,它以 BSON(Binary JSON)格式存储数据,支持复杂的查询和索引,在内容管理、日志分析、物联网等领域具有广泛的应用。Redis 是一种内存数据库,它支持多种数据结构,如字符串、哈希表、列表等,具有极高的读写性能,常用于缓存、消息队列、实时统计等场景。然而,由于教材更新不及时,学生对这些新兴数据库的特点、应用场景和使用方法了解甚少,无法满足实际工作的需求。

在课程设置方面,高校统计学专业的课程体系也存在明显的滞后性。很多课程仍然侧重于传统的统计学理论和方法,如概率论、数理统计、回归分析等,虽然这些知识是统计学专业的基础,但对于大数据时代的数据分析需求来说是远远不够的。对于大数据处理、机器学习、深度学习等新兴技术的课程设置较少,且往往作为选修课开设,学生缺乏系统学习这些知识的机会。此外,课程的实践环节也相对薄弱,学生在课堂上主要学习理论知识,缺乏实际操作和项目实践的经验,导致他们在毕业后难以快速适应实际工作的要求。

教学方法和手段的落后也是课程内容更新滞后的一个重要表现。在大数据技术快速发展的今天,许多高校仍然采用传统的讲授式教学方法,教师在课堂上主要以讲解理论知识为主,缺乏与实际案例的结合,学生学习的积极性和主动性不高。而且,教学过程中缺乏对学生创新能力和实践能力的培养,学生只是被动地接受知识,缺乏独立思考和解决实际问题的能力。

3. 对学生就业适应能力的影响

课程内容更新缓慢所导致的学生所学知识与实际应用中的技术需求之间的巨大差距,对学生的就业适应能力产生了多方面的负面影响。

当学生毕业后进入企业工作时,他们会发现自己在学校学到的知识和技能与实际工作的要求存在严重脱节。在大数据分析领域,企业通常会广泛使用 Hadoop 和 Spark 等大数据处理框架进行数据的存储、处理和分析。然而,由于高校课程内容更新滞后,学生在学校可能只是听说过这些技术,并没有实际操作和应用的经验。在实际工作中,企业需要员工能够熟练使用这些工具进行数据的清洗、转换、挖掘和可视化等操作,而学生由于缺乏相关的实践经验,需要花费大量的时间和精力去重新学习和适应新的技术和工具。这不仅影响了学生的工作效率,也增加了企业的培训成本。此外,课程内容的滞后还使得学生对新兴的机器学习和深度学习算法了解甚少,无法满足企业对数据分析人才的高端需求。在当今的数据分析领域,机器学习和深度学习技术已经成为核心竞争力之一,企业需要员工能够运用这些技术解决实际问题,如预测分析、图像识别、自然语言处理等。然而,学生在学校所学的课程可能仍然停留在传统的统计分析方法上,对于新兴的算法和模型缺乏了解和实践,这使得他们在就业市场上的竞争力大打折扣。

课程内容更新缓慢还会影响学生的职业发展。在快速发展的科技行业中,技术的更新换代非常快,员工需要不断学习和掌握新的知识和技能,才能跟上行业的发展步伐。而学生由于在学校没有接受过系统的、最新的知识培训,在职业发展过程中可能会遇到瓶颈,难以晋升到更高的职位。例如,在数据分析领域,高级数据分析师需要具备扎实的统计学基础、熟练掌握大数据处理和机器学习技术,以及丰富的项目实践经验。如果学生在学校没有学到这些知识和技能,他们在职业发展过程中可能只能从事一些基础的数据处理工作,难以晋升到高级数据分析师或数据科学家等职位。

课程内容更新缓慢还会影响学生的创新能力和综合素质的培养。大数据技术的发展为数据分析带来了新的思路和方法,学生需要接触到最新的技术和理念,才能培养出创新思维和解决实际问题的能力。

二、统计学课程内容的单一性与创新性不足

(一)教学内容局限于传统理论

在当下的教育体系中,统计学课程的教学内容存在着较为严重的局限性,主要集中于传统的统计理论和方法。参数估计、假设检验、方差分析等内容,长久以来都是统计学教学的核心板块。这些传统理论构建起了统计学的基本框架,是统计学发展历程中的经典成果,在过去的很长时间里,为解决众多领域的实际问题发挥了重要作用。例如,在农业领域,通过参数估计可以推测农作物产量的总体特征;在医学研究中,假设检验有助于判断某种新药是否具有显著疗效;方差分析则能在工业生产中分析不同因素对产品质量的影响程度。然而,随着时代步入大数据时代,数据的规模、类型和复杂性都发生了翻天覆地的变化,仅仅掌握这些传统理论已经远远不能满足实际需求。新兴的统计方法和技术如雨后春笋般涌现,为解决复杂的数据问题提供了新的思路和工具。贝叶斯统计、非参数统计、高维统计等方法,在处理现代数据时展现出了独特的优势。

以贝叶斯统计为例,它与传统的频率统计方法不同,强调在统计推断中纳入先验信息。在实际的大数据分析场景中,很多情况下我们并非一无所知,而是具有一定的先验知识。贝叶斯统计能够充分利用这些先验信息,对未知参数进行更合理的估计和推断。比如在金融风险评估中,我们可以根据以往的市场数据和专家经验,为风险参数设定先验分布,然后结合当前的市场数据进行更新,从而得到更准确的风险评估结果。但在很多高校的统计学课程中,贝叶斯统计往往只是作为一个简单的章节进行介绍,学生仅仅对其基本概念和简单公式有一定了解,缺乏深入地学习和实际应用的机会。这种教学安排使得学生在面对实际问题时,无法熟练运用贝叶斯统计方法解决问题,限制了他们在大数据分析领域的发展。

非参数统计方法不依赖于总体分布的具体形式,适用于处理各种类型的数据,尤其是那些不符合传统分布假设的数据。在生物信息学、社会科学等领域,数据的分布往往非常复杂,传统的参数统计方法可能并不适用,而非参数统计方法则能发挥重要作用。然而,目前的统计学课程对非参数统计的介绍相对较少,学生对这些方法的掌握程度远远不够。

高维统计则是针对高维数据的统计分析方法。在大数据时代,数据的维度往往非常高,例如在基因表达数据、图像数据等领域,传统的统计方法在处理高维数据时会遇到诸多困难,如维度灾难等问题。高维统计方法通过降维、变量选择等技术,能够有效地处理高维数据,提取有价值的信息。但在现有的课程体系中,高维统计的内容几乎很少涉及,学生对这一领域的了解几乎为零。

(二)缺乏跨学科知识融合

统计学本身是一门具有高度交叉性的学科,与多个学科有着千丝万缕的联系。在大数据时代,这种跨学科的联系变得更加紧密,统计学与计算机科学、数学、经济学等学科相互交融,共同推动着各领域的发展。

在数据处理和分析过程中,计算机编程知识是必不可少的工具。随着数据量的爆炸式增长,传统的手工计算和简单的统计软件已经无法满足大规模数据处理和分析的需求。Python 和 R 等编程语言,凭借其丰富的数据分析库和强大的计算能力,成为大数据分析的主流工具。例如,Python 中的 Pandas 库可以方便地进行数据清洗和整理,NumPy 库提供了高效的数值计算功能,Scikit-learn 库则集成了各种机器学习算法,能够实现数据的建模和预测。R 语言则以其强大的统计分析功能和丰富的可视化工具,在统计学领域得到了广泛应用。然而,很多统计学专业的课程并没有将编程语言的教学与统计学知识有机结合起来。学生虽然在课堂上学习了大量的统计学理论,但在实际操作中,由于缺乏编程技能,无法将所学的理论应用到实际数据中。他们可能知道某种统计方法的原理和公式,但却不知道如何使用编程语言来实现这些方法,从而无法有效地处理和分析大数据。例如,在进行复杂的多元统计分析时,需要对大量的数据进行矩阵运算和迭代求解,使用编程语言可以快速准确地完成这些任务,但如果学生没有掌握相应的编程技能,就只能望而却步。

在解决实际问题时,统计学还需要与经济学、管理学等学科的知识相结合。在经济领域,统计学可以用于经济数据的分析和预测,为政策制定和企业决策提供依据。例如,通过对宏观经济数据的统计分析,可以预测经济增长趋势、通货膨胀率等指标,帮助政府制定合理的经济政策。在企业管理中,统计学可以用于市场调研、质量控制、绩效评估等方面。例如,通过对市场数据的分析,企业可以了解消费者的需求和偏好,制定营销策略;通过对生产过程数据的统计分析,企业可以进行质量控制,提高产品质量。但目前的课程体系中,这些跨学科内容的融入较少。学生往往只专注于统计学本身的知识学习,对其他学科的知识了解甚少,导致他们在面对实际问题时,无法从多个学科的角度进行综合分析和解决。例如,在进行市场调研数据分析时,学生可能只关注数据的统计特征,而忽略了经济学中的市场供求关系、消费者行为理论等因素,从而无法得出全面准确的结论。

(三)难以激发学生的创新思维

传统的统计学课程教学模式存在明显的弊端,过于注重知识的传授,而忽视了对学生创新思维的培养。在教学过程中,教师往往以教材为中心,按照固定的模式进行讲解,将知识点逐一传授给学生。学生在课堂上主要是被动地接受知识,缺乏主动思考和探索的机会。

课程中的案例和习题大多是经典的、固定的,缺乏创新性和挑战性。以回归分析的教学为例,案例往往是一些简单的线性回归问题,数据量较小,变量关系较为明确。学生只需要按照既定的步骤进行计算和分析,就可以得到答案。这种教学方式虽然有助于学生掌握回归分析的基本方法,但无法激发他们的创新灵感和解决实际问题的能力。在实际的大数据分析中,数据往往是复杂的、高维的,变量之间的关系可能是非线性的,需要学生运用创新思维和灵活的方法来解决问题。但现有的课程案例无法让学生接触到这些复杂的实际问题,限制了他们创新能力的发展。

在大数据时代,需要统计学人才具备创新思维,能够从海量数据中发现新的规律和模式。例如,在医疗大数据领域,通过对大量的病历数据、基因数据等进行分析,有可能发现新的疾病诊断标志物和治疗方法;在交通大数据领域,通过对交通流量数据、车辆行驶数据等进行分析,有可能提出新的交通管理策略和智能交通系统方案。然而,现有的课程内容显然无法满足这一要求。学生在传统的教学模式下,习惯于按照固定的方法和步骤解决问题,缺乏独立思考和创新的意识。当他们面对实际的大数据问题时,往往不知道从何处入手,无法运用创新思维来解决问题。

传统的教学评价方式也不利于学生创新思维的培养。目前的教学评价主要以考试成绩为主,考试内容往往侧重于对知识点的记忆和理解,而忽视了对学生创新能力和实践能力的考查。这种评价方式使得学生为了取得好成绩,只注重死记硬背知识点,而不愿意花费时间和精力去进行创新思考和实践探索。长此以往,学生的创新思维逐渐被磨灭,无法适应大数据时代对统计学人才的要求。

三、传统教学模式下的学生参与度与实际操作能力不足

(一)学生参与度低

在传统的课堂讲授式教学模式里,教学活动呈现出以教师为绝对中心的显著特征。教师在课堂上扮演着主导者的角色,掌控着教学的节奏、内容和方向。他们站在讲台之上,按照预先准备好的教案,将知识一股脑地向学生进行输出。学生则处于相对被动的地位,主要任务就是安静地听讲和认真地记录。这种教学模式极大地限制了师生之间的互动和交流。在课堂上,教师往往专注于知识的传授,很少主动创造机会让学生参与到讨论中来。例如,在一些统计学课程的课堂上,教师整节课都在滔滔不绝地讲解理论知识,从参数估计的原理到假设检验的步骤,从方差分析的方法到回归分析的应用,一个知识点接着一个知识点地讲,却很少停下来询问学生是否理解,是否有不同的看法。即使偶尔提出问题,也多是一些简单的、有固定答案的问题,学生只需机械地回答"是"或"不是""对"或"错",难以真正激发他们深入思考和表达自己观点的欲望。

由于缺乏互动和交流,学生参与课堂讨论和学习的积极性普遍不高。他们只是机械地听和记,就像一个被动的知识接收器,难以真正理解和掌握所学的知识。这种被动学

习的方式使得学生在学习过程中缺乏主动性和创造性,无法将所学知识内化为自己的能力。而且,长时间的被动听讲容易让学生产生疲劳和厌倦情绪,进一步降低他们的学习兴趣和动力。此外,在很多高校的课堂中,由于班级人数较多,教师往往难以关注到每个学生的学习情况和需求。一个班级可能有几十甚至上百名学生,教师在有限的课堂时间内,很难对每个学生的学习进度、理解程度、存在的问题等进行全面了解。这就导致部分学生在学习过程中遇到困难时无法及时得到帮助,逐渐积累问题,最终失去学习的兴趣和动力。

(二)实践教学环节薄弱

统计学作为一门应用学科,其实践性是其重要的学科特性之一。然而,目前很多高校的统计学专业在实践教学环节方面存在较为严重的不足。

实验课时数不足是一个普遍存在的突出问题。在很多高校的课程设置中,统计学课程的总课时有限,而实验课时在总课时中所占的比例往往较小。这使得学生缺乏足够的时间进行实际操作和练习,无法充分掌握所学的统计方法和技能。例如,一门统计学课程总课时为64课时,而实验课时可能只有8课时甚至更少,仅占总课时的10%~15%左右。在如此有限的时间内,学生只能进行一些简单的、基础的实验操作,很难深入地理解和应用统计学知识。

实践教学内容的单一性也是一个不容忽视的问题。目前的实践教学往往只是围绕教材中的例题和习题进行简单的验证性实验。教师在实验课上,通常会按照教材上的步骤进行演示,然后让学生模仿操作,得出与教材一致的结果。这种教学方式虽然能够让学生熟悉一些基本的统计方法和软件操作,但缺乏综合性和创新性的实践项目。学生只是按照既定的步骤进行操作,不需要进行独立思考和创新,无法真正提高他们解决实际问题的能力。以统计软件(如SPSS、SAS)的教学为例,学生在课堂上只是按照教师的演示进行一些基本的操作,如数据录入、描述性统计分析、简单的假设检验等。这些操作都是比较基础和简单的,与实际工作中的复杂问题相差甚远。在实际工作中,可能需要根据具体问题选择合适的统计方法,对数据进行复杂的预处理和分析,还需要对分析结果进行深入的解释和应用。

(三)缺乏真实项目体验

在当前的高校教育中,由于高校与行业企业的合作不够紧密,学生在学习过程中面临着难以接触到真实的数据和项目案例的困境。学校的实践教学往往是基于模拟的场景进行的,这些模拟场景虽然在一定程度上能够让学生了解统计学的应用流程,但与实际工作中的情况存在较大差距。

在实际工作中,数据往往是复杂多样的。以金融行业的数据分析为例,实际的数据可能包含大量的噪声和缺失值。这些噪声和缺失值可能是由于数据采集过程中的误差、系统故障、人为因素等多种原因造成的。在进行数据分析之前,需要对这些数据进行复杂的数据预处理和清洗工作,如去除噪声、填补缺失值、数据标准化等。只有经过这些处理后,数据才能用于后续的分析和建模。然而,在学校的实践教学中,学生接触到的数据往往是经过处理和整理的,已经去除了噪声和填补了缺失值,数据质量较高。这就导致学生在学校里没有机会学习和掌握如何处理实际数据中的复杂问题,缺乏对实际问题的应对能力。

缺乏真实项目体验使得学生在毕业后难以快速适应工作岗位的要求。在工作中,他们可能会面对各种各样的实际问题,如数据来源复杂、业务需求多样、时间紧迫等。由于在学校里没有接触过真实的项目案例,他们无法将所学的知识和技能应用到实际工作中,需要花费大量的时间和精力去重新学习和适应。例如,在面对一个需要对海量金融数据进行风险评估的项目时,学生可能不知道如何从复杂的数据中提取有用的信息,如何选择合适的统计方法进行分析,如何将分析结果转化为实际的决策建议。这种情况不仅影响了学生的职业发展,也对企业的人才需求造成了一定的困扰。

第三节　学生学习需求与统计学教育的脱节问题

一、学生学习需求的变化

(一) 社会发展层面的需求

在当今全球化持续深入发展的大背景下,世界各国之间的经济、文化、科技等交流日益频繁,各个领域的联系变得愈发紧密,跨学科的合作与研究已然成为学术界和各行业发展的主流趋势。在这样的时代浪潮中,学生们的学习需求也随之发生了深刻的变化。他们不再满足于仅仅在单一学科领域进行知识的积累,而是迫切渴望能够将不同学科的知识进行有机整合,并具备在复杂多变的社会环境中灵活运用这些综合知识的能力。

就统计学领域而言,其作为一门具有广泛应用价值的学科,在众多学科和行业中都发挥着至关重要的作用。学生们深刻认识到,仅仅掌握扎实的统计学理论基础是远远不够的,还必须了解统计学在不同学科中的具体应用。以生物统计学为例,这一交叉学科融合了生物学和统计学的知识。在生物学研究中,随着基因测序技术的飞速发展,每天都会产生海量的基因数据。这些数据包含了生物遗传信息、疾病相关基因等重要内容,但要从这些复杂的数据中提取有价值的信息,就需要运用统计学方法。学生不仅需要深入理解生物学的基本概念,如基因的结构与功能、生物的遗传规律等,还需要熟练掌握如何利用统计学方法对基因数据进行分析,例如通过统计模型来识别与疾病相关的基因变异,分析疾病的传播模式等。

再看统计学与社会学的结合。社会学研究的是社会现象、社会行为和社会关系等,而统计学为社会学研究提供了量化分析的工具。在社会现象的量化研究方面,通过收集和分析社会调查数据,运用统计学方法可以揭示社会现象背后的规律和趋势。例如,研究不同地区的人口结构变化、社会阶层分布等。在政策评估方面,统计学可以帮助评估政策的实施效果。通过对政策实施前后的数据进行对比分析,运用统计指标和模型来衡量政策对社会经济、民生等方面的影响,从而为政策的调整和完善提供科学依据。

(二)科技进步推动的需求

大数据时代的来临,给人类社会带来了前所未有的变革。数据的规模呈现出爆炸式增长,其类型也变得更加多样化,除了传统的结构化数据,还包括大量的非结构化数据,如文本、图像、音频、视频等。同时,数据的产生速度也达到了惊人的程度,每分每秒都有海量的数据被生成。在这样的背景下,学生们面临着前所未有的挑战,他们需要处理和分析这些海量、复杂的数据,以从中获取有价值的信息。为了应对这一挑战,学生们需要掌握最新的统计学技术和工具。虽然传统的统计软件如 SPSS、SAS 等在统计学教学和应用中仍然具有重要地位,它们提供了丰富的统计分析功能,操作相对简单,适合初学者进行基本的统计分析。然而,随着大数据时代的发展,这些传统软件在处理大规模数据和复杂分析任务时逐渐显现出局限性。因此,更多的学生开始倾向于学习新兴的编程语言,如 Python 和 R。

Python 是一种功能强大、易于学习的编程语言,具有丰富的数据分析库和工具,如 NumPy、Pandas、Scikit-learn 等。NumPy 提供了高效的多维数组对象和数学函数,能够快速处理大规模数据;Pandas 则提供了数据结构和数据分析工具,方便进行数据的清洗、转换和分析;Scikit-learn 是一个机器学习库,包含了各种机器学习算法和模型,可用于数据挖掘、预测分析等任务。R 语言是专门为统计分析和数据可视化而设计的编程语言,拥有庞大的统计包和社区资源。它提供了丰富的统计模型和可视化工具,能够帮助学生进行深入的数据分析和结果展示。

学生们希望在统计学课程中深入学习这些前沿技术,并掌握如何利用它们从海量数据中提取有价值的信息。例如,在电商领域,通过分析用户的购买记录、浏览行为等数据,运用机器学习算法可以进行用户画像的构建和个性化推荐。在医疗领域,分析患者的病历数据、基因数据等,可以进行疾病的预测和诊断。

(三)就业市场的需求

随着经济结构的不断调整和新兴产业的蓬勃发展,就业市场对统计学人才的要求也日益提高。企业在招聘统计学相关岗位的人才时,不再仅仅关注学生的统计学理论知识,而是更加看重他们的综合能力。

企业希望招聘到的统计学人才具备创新能力。在当今快速变化的市场环境中,企业面临着各种各样的挑战和机遇,需要不断创新来保持竞争力。统计学人才需要能够运用创新的思维和方法,解决企业在数据分析、决策支持等方面遇到的问题。例如,在金融领域,面对复杂多变的市场行情,统计学人才需要创新地运用统计模型和算法,进行风险评估和投资决策。

解决问题的能力也是企业非常看重的一项能力。企业在运营过程中会遇到各种实际问题,如市场需求预测、产品质量控制、客户满意度分析等。统计学人才需要能够运用所学的统计学知识和方法,对这些问题进行分析和解决。例如,通过收集和分析市场数据,运用时间序列分析、回归分析等方法,预测市场需求的变化趋势,为企业的生产和销售决策提供依据。

良好的团队协作能力同样不可或缺。在企业中,很多项目都需要多个部门和专业人员的协同合作。统计学人才需要能够与其他专业人员,如市场营销人员、技术人员等进行有效的沟通和协作,共同完成项目任务。例如,在一个新产品的研发项目中,统计学人才需要与市场营销人员合作,了解市场需求和竞争情况,运用统计方法进行市场调研和数据分析;同时,还需要与技术人员合作,将数据分析结果应用到产品的设计和开发中。

学生们深刻意识到,在激烈的就业市场竞争中,单纯的理论知识已经不足以让自己脱颖而出。更多的实际操作经验和软技能成为他们求职的加分项。因此,学生希望统计学教育能够更加注重实践项目和案例分析。通过参与实际项目,学生能够将所学的理论知识应用到实际中,提高解决实际问题的能力。例如,在学校的实践项目中,学生可以模拟企业的实际业务场景,收集和分析数据,运用统计方法进行决策分析,从而积累实际操作经验。

同时,学生也希望在课程中接触到行业前沿的研究成果和发展趋势。了解行业前沿动态可以帮助学生培养创新思维和前瞻性眼光,使他们在未来的工作中能够更好地适应市场变化和企业发展的需求。例如,通过学习行业最新的数据分析技术和方法,学生可以在实际工作中运用这些先进技术,为企业提供更有价值的数据分析和决策支持。

二、统计学教育与学生需求的错位

(一)课程设置的错位

传统的统计学课程体系构建于相对封闭和单一的知识框架内,其核心聚焦于基础理论和方法的系统讲解。像参数估计、假设检验、方差分析等内容,它们构成了统计学学科大厦的基石,是学生深入学习统计学的必要前提。在教学过程中,教师往往投入大量的时间和精力,详细阐释这些理论的概念、原理、推导过程以及适用条件。学生们也在课堂上花费大量时间去理解和掌握这些抽象的知识,通过做大量的习题来巩固所学内容。然而,这种课程设置存在严重的弊端,即缺乏与实际应用和跨学科的紧密结合。虽然学生在学习基础的统计学理论时,能够熟练掌握如何进行回归分析、方差分析等操作,但当他们面对具体行业数据时,却常常感到无从下手。这是因为在实际应用场景中,数据的来源、特征和分析目的都与课堂上的理论例题有很大差异。例如,在生物医学领域,基因数据分析涉及海量的高维数据,数据中可能存在大量的噪声和缺失值,而且分析的目的可能是寻找与疾病相关的基因标记,这与传统统计学课程中简单的线性回归分析有着本质的区别。在社会学领域,政策评估需要综合考虑社会、经济、文化等多方面的因素,运用统计学方法对政策实施前后的各种指标进行对比分析,以评估政策的效果和影响。但目前的统计学课程很少涉及这些跨学科的内容,导致学生在跨学科领域的应用知识掌握不足。这种课程设置的错位对学生的职业发展和学术研究都产生了不利影响。在职业市场上,企业和机构需要的是能够将统计学知识应用到实际业务中的复合型人才,而学生由于缺乏跨学科应用能力,难以满足用人单位的需求。在学术研究方面,现代科学研究越来越注重多学科的交叉融合,统计学作为一种重要的研究工具,需要与其他学科紧密结合才能发挥更大的作用。

(二)教学方法的错位

在课堂上,教师作为知识的传授者,按照教材的章节顺序,通过板书、PPT等形式向学生讲解统计学的概念、原理和方法。学生则被动地坐在教室里,认真听讲、做笔记,课后通过完成大量的练习题来巩固所学知识。这种教学方法在一定程度上能够保证学生系统地掌握统计学的基础知识,但它存在明显的局限性。

第一,传统讲授式教学无法充分激发学生的主动学习兴趣。在这种教学模式下,学生往往处于被动接受知识的状态,缺乏自主探索和思考的机会。统计学本身是一门相对抽象和枯燥的学科,如果教学方法单一,学生很容易产生厌学情绪,对学习失去兴趣。第二,这种教学方法缺乏足够的实践操作机会。学生在课堂上主要是听教师讲解理论知识,很少有机会亲自操作统计软件、分析实际数据。虽然教师可能会在课堂上进行统计软件的演示,但学生只是按部就班地跟随教师的步骤操作,缺乏独立思考和探索的过程。这导致学生在面对复杂数据时,无法独立思考和解决问题。例如,在教授统计软件使用时,教师通常会在课堂上演示如何打开软件、导入数据、选择合适的统计方法进行分析以及输出结果等步骤。学生在课堂上看似学会了这些操作,但当他们在课后面对自己收集的实际数据时,却发现自己无法独立完成数据分析任务。这是因为在课堂上的演示操作是在教师的引导下进行的,学生没有真正理解每个操作步骤的目的和意义,也没有学会如何根据实际数据的特点选择合适的分析方法。学生希望能够在课堂上多进行实践操作,独立完成统计分析任务,而不仅仅是听教师讲解或模仿教师的操作步骤。他们希望通过实践操作,深入理解统计学的原理和方法,提高自己的数据分析能力和解决实际问题的能力。

(三)实践教学的薄弱

第一,在当前统计学教育体系里,实践教学环节的薄弱首先体现在实验课时数在整个课程体系中所占比例过少。课程安排往往深受传统教育观念的影响,过于强调理论知识的系统性传授,认为扎实的理论基础是学生学习的首要任务。从教学目标来看,统计学作为一门应用性很强的学科,其理论知识只有通过实践应用才能真正被学生掌握和理解。然而,目前许多学校的统计学课程安排中,理论教学占据了绝对主导地位。例如,在一些高校的统计学专业课程设置里,理论课程的课时可能达到总课时的70%~80%,而实验教学课时仅占20%~30%,甚至更低。这种情况导致学生虽然在理论考试中可能取得较好的成绩,但在面对实际问题时却显得力不从心。他们可能熟悉各种统计学公式和理论模型,但却不知道如何运用这些知识来处理实际数据、解决实际问题。例如,在学习了回归分析的理论知识后,学生可能能够熟练推导回归方程,但在面对实际的数据集时,却无法确定合适的自变量和因变量,也不知道如何对回归结果进行合理的解释和应用。

第二,实践教学内容的单一性也是当前统计学教育实践环节薄弱的一个重要表现。目前的实践教学主要局限于简单的统计软件操作练习和教材上的例题分析,缺乏与实际应用场景的紧密结合。在统计软件操作练习方面,教师通常会选择一些常见的统计软件,如SPSS、SAS等,让学生按照既定的步骤进行操作。然而,这些操作练习往往是基于经过处理和简化的模拟数据,与实际工作中遇到的复杂数据有很大差距。实际工作中的数据往往具有多样性、复杂性和不确定性,可能包含大量的噪声、缺失值和异常值。例如,在医疗数据中,可能存在患者信息的缺失、数据记录的错误等问题;在金融数据中,市场的波动和不确定性会导致数据的复杂性增加。而学生在实践教学中接触到的模拟数据往往是经过理想化处理的,缺乏这些实际问题的挑战。教材上的例题分析也存在一定的局限性。教材中的例题通常是为了说明某个理论知识点而设计的,其数据和问题相对简单,与实际应用场景中的复杂问题存在较大差距。学生在分析这些例题时,往往只是按照教材上的步骤进行机械性地操作,缺乏对实际问题的深入思考和分析能力的培养。例如,在学习假设检验时,教材上的例题可能只是简单地给出一组数据,让学生进行假设检验的计算和判断。但在实际工作中,假设检验的应用往往需要结合具体的业务背景和问题,需要对数据的来源、样本的选取、检验方法的选择等进行综合考虑。

第三,现代企业和行业领域对统计学人才的需求发生了显著变化,更加注重实践能力和解决实际问题的能力。随着信息技术的飞速发展和大数据时代的到来,企业面临着海量的数据和复杂的业务问题,需要统计学人才能够运用专业知识和技能,对这些数据进行有效的分析和处理,为企业的决策提供支持。在大数据分析领域,企业需要统计学人才能够处理海量的非结构化数据,运用机器学习算法进行数据挖掘和预测分析。非结构化数据如文本、图像、视频等,具有数据量大、格式多样、难以处理等特点。统计学人才需要掌握数据清洗、特征提取、模型选择和评估等技术,从这些非结构化数据中提取有价值的信息。例如,电商企业需要通过分析用户的浏览记录、购买行为等数据,了解用户的需求和偏好,为用户提供个性化的推荐服务;社交媒体平台需要通过分析用户的评论、点赞等数据,了解用户的情感倾向和社交行为模式。在金融分析领域,企业需要统计学人才能够对金融市场数据进行风险评估和投资决策分析。金融市场数据具有高波动性、不确定性和复杂性等特点,统计学人才需要运用时间序列分析、风险管理模型等方法,对金融市场的走势进行预测和分析,为企业的投资决策提供依据。例如,银行需要通过分析客户的信用数据,评估客户的信用风险,为贷款决策提供支持;投资公司需要通过分析股票、债券等金融产品的价格数据,制定投资策略,实现资产的保值增值。

(四)师资队伍建设的错位

第一,尽管统计学的理论研究和教学方法在近年来取得了一定的进展,但在师资队伍建设方面仍然存在一些问题。在统计学教育领域,部分教师在传统统计学理论方面具有较高的造诣,他们长期深耕于传统统计学的研究,对诸如概率论、数理统计、抽样调查等传统的统计学理论和方法有着深入的研究和理解。在课堂上,他们能够系统且精准地传授这些经典知识,为学生构建起扎实的理论基础。然而,随着科技的快速发展,新兴的数据分析技术和跨学科应用不断涌现。当今时代,数据呈现出爆炸式增长,其复杂性和多样性也日益增加,这促使统计学与计算机科学、数学、生物学等多个学科深度融合,催生出了许多新兴领域。但这些教师对这些新兴领域的了解相对不足。他们可能由于长期专注于传统领域的研究和教学,缺乏对新兴技术的关注和学习,导致知识结构未能及时更新,难以跟上时代的步伐。

第二,新兴的技术如机器学习、大数据分析、人工智能等,已经成为现代统计学教育的核心组成部分。机器学习算法中的决策树、神经网络、支持向量机等,能够用于数据分类、预测、聚类等任务,为解决复杂的实际问题提供了强大的工具。大数据分析技术则可以处理海量的、多源异构的数据,挖掘其中隐藏的信息和规律。人工智能技术更是能够实现自动化的数据分析和决策,提高工作效率和准确性。然而,部分教师缺乏相应的技术背景或实战经验。他们可能在学校接受的教育主要集中在传统统计学领域,没有接触过这些新兴技术的系统学习。在实际教学中,由于自身对这些技术的理解不够深入,无法将这些前沿知识和技术有效地传授给学生。例如,在讲解机器学习算法时,可能只能停留在理论层面,无法结合实际案例进行深入分析,导致学生难以理解算法的实际应用场景和价值。此外,教师既缺乏在实际项目中运用这些技术的经验,也无法为学生提供关于实际操作和解决问题的指导,使得学生在面对实际问题时缺乏应对能力。

第三,教师的教学方法和教学理念也需要与时俱进。传统的教学方式和理念注重知识的传授,强调教师的主导地位,通常采用教师讲、学生听的单向教学模式。在这种模式下,教师是知识的权威,学生主要是被动地接受知识。这种教学方式忽视了学生的主体作用和创新能力的培养。它往往侧重于让学生记忆和理解知识点,而忽略了培养学生的自主思考能力、实践能力和创新精神。现代学生更加注重自主学习和实践能力的培养,他们成长在信息爆炸的时代,获取信息的渠道更加多元化,具有更强的自主意识和探索精神。他们希望在课堂上能够有更多地参与机会,能够通过实践操作和小组讨论等方式深入学习知识。传统的教学方式难以满足学生对灵活、互动式、实践导向的教学需求。例如,在传统课堂上,学生可能只是机械地记录教师讲解的内容,缺乏主动思考和探索的机会。现代学生更希望能够参与实际项目中,通过亲身体验来学习和掌握知识,培养自己的实践能力和创新能力。

(五)教学评价的错位

第一,当前的教学评价体系大多侧重于理论知识的考试,这种评价方式存在明显的局限性。在传统的教学评价范式下,教师通常将期末考试、期中考试等作为评估学生学习成绩的主要手段。这些考试的内容主要围绕教材上的理论知识展开,涵盖统计学的基本概念、原理、公式推导等方面。从教学目标来看,统计学教育的初衷不仅是让学生记住这些理论知识,更重要的是能够运用这些知识解决实际问题。然而,以理论知识考试为主的评价方式,使得学生为了取得好成绩,往往将大量的时间和精力放在背诵理论知识和做练习题上。这种学习方式导致学生只是机械的记忆知识点,而缺乏对知识的深入理解和灵活运用能力。例如,在学习回归分析时,学生可能能够熟练背诵回归方程的推导过程和相关公式,但却不理解这些公式在实际数据分析中的应用场景和意义。此外,这种评价方式还容易造成学生学习的功利性。学生只关注考试中可能出现的知识点,而忽视了对知识体系的全面构建和对实际应用能力的培养。他们可能在考试中取得高分,但在面对实际的统计学问题时,却无法将所学的理论知识转化为解决问题的能力。

第二,在统计学教育中,学生的能力不仅体现在理论考试成绩上,更体现在他们能够将知识应用到实际问题中的能力。统计学作为一门应用性很强的学科,其真正的价值在于解决实际生活和工作中的各种问题。然而,传统的教学评价体系只关注了学生的理论知识掌握情况,而忽视了学生的实践能力和创新能力。例如,一个学生在理论考试中能够取得高分,但在面对实际的数据分析任务时,却无法运用所学的统计学知识进行有效的分析和解决问题。这是因为实际的数据往往具有复杂性和不确定性,需要学生具备综合运用知识、灵活选择分析方法和解决实际问题的能力。而传统的理论考试无法全面考查学生的这些能力。从学科发展的角度来看,统计学领域不断涌现新的问题和挑战,需要学生具备创新能力来应对。创新能力包括提出新的研究问题、探索新的分析方法和解决方案等。然而,传统的评价方式无法激励学生去培养这些能力,因为学生只需要按照教材和老师的要求掌握理论知识即可,缺乏自主探索和创新的动力。

第三,由于教学评价主要以理论考试成绩为依据,学生往往认为只要在考试中取得好成绩就可以了,而不愿意花费时间和精力去参加实践项目、案例分析和创新竞赛等活动。然而,这些实践活动对于培养学生的综合能力和创新精神具有重要意义。实践项目为学生提供了将理论知识应用到实际中的机会。在实践项目中,学生需要自主收集数据、选择合适的分析方法、对结果进行解释和报告。通过这个过程,学生可以提高自己的

实践能力和解决实际问题的能力。例如,在一个市场调研的实践项目中,学生需要设计调查问卷、收集市场数据、运用统计学方法进行数据分析,并根据分析结果提出市场策略建议。这个过程不仅考验了学生的统计学知识,还培养了他们的沟通能力、团队协作能力和问题解决能力。案例分析则可以帮助学生学习如何运用统计学知识分析和解决实际问题。通过分析实际案例,学生可以了解不同领域中统计学的应用场景和方法,培养自己的逻辑思维能力和创新能力。例如,在分析金融市场的案例时,学生需要运用时间序列分析、风险管理模型等方法对市场数据进行分析,预测市场走势并提出投资建议。创新竞赛为学生提供了发挥创造力和想象力的平台。在创新竞赛中,学生需要提出新的数据分析方法和解决方案,这有助于培养学生的创新精神和实践能力。

第四章

大数据背景下的统计学教学目标与课程设计

第一节 大数据时代统计学教学目标的调整与优化

一、统计学教学目标的传统与变革

(一)传统统计学教学目标概述

目前,统计学的教学目标在传统模式下,旨在通过系统的统计学习,使学生在掌握传统统计学理论和方法之后,具备收集、整理和分析一般统计数据的能力。传统统计学教学受当时技术发展水平和数据规模的限制,呈现出以理论驱动为主的显著特征。

教师在教学过程中,主要依托教材展开教学活动。他们会详细讲解统计学的基本原理和方法,例如概率论基础、抽样方法、参数估计、假设检验等内容。在教学过程中,教师高度强调统计知识的系统性和逻辑性,致力于构建学生完整的统计学知识体系。教学目标大多聚焦于学生对相关理论和方法的精准掌握,要求学生熟练按照既定的方法收集和整理数据,然后依据收集到的数据,依托特定的统计分析模型计算相应的统计指标。例如,在讲解线性回归分析时,教师会引导学生掌握回归方程的推导、参数估计方法以及如何对回归结果进行显著性检验等理论知识,学生则需要按照这些理论方法进行数据处理和指标计算。

(二)大数据时代对传统教学目标的挑战

在大数据时代,数据的获取已不再是难题。借助各种先进的信息技术和工具,如网络爬虫、传感器等,人们可以轻松地获取海量的数据。同时,数据的处理方式和处理速度也得到了极大地改善,高性能计算、分布式存储等技术的发展使得大规模数据的快速处理成为可能。在这样的背景下,依照传统理念培养出来的学生,无论是观念还是处理问题的方法都已难以适应时代的要求。传统教学中注重理论推导和简单数据处理的方式,无法让学生应对大数据所带来的复杂数据类型、海量数据规模和快速数据更新等挑战。

例如,在传统教学中,学生主要处理的是结构化数据,而在大数据时代,非结构化数据(如文本、图像、视频等)占据了很大比例,传统教学并未涉及这些数据的处理方法。因此,转变统计学的教学目标已成为统计学教学亟待解决的首要问题。

二、大数据时代对教学目标的新要求

(一)突出实际应用能力培养

在大数据时代,统计学教学目标面临着深刻变革,其中突出实际应用能力的培养成为首要且紧迫的新要求。这一转变源于大数据环境下数据呈现出的海量性与复杂性特征,传统教学中侧重于理论知识传授的目标已难以适应时代发展的实际需求,统计学教学必须向数据分析的综合应用方向进行根本性转变。

在大数据环境中,数据量呈现出爆炸式增长,其规模之大、类型之复杂远超传统数据范畴。例如,在互联网领域,每天产生的社交媒体数据、电商交易数据、搜索引擎日志数据等以 PB 甚至 EB 为单位计量。这些数据不仅包含结构化数据,如数据库中的表格数据,还涵盖大量半结构化和非结构化数据,如文本、图像、音频和视频等。面对如此庞大且复杂的数据,学生若仅掌握统计学的理论知识,而缺乏实际应用能力,将无法从海量数据中提取有价值的信息,也就难以满足社会对统计学专业人才的需求。

学生需要掌握从海量数据中提取有价值信息的能力,这涉及运用合适的数据分析方法和工具进行数据挖掘和分析。数据挖掘是从大量数据中发现潜在模式、关联和趋势的过程,它融合了统计学、机器学习、数据库技术等多学科知识。例如,在处理电商平台的用户交易数据时,学生需要能够运用聚类分析方法对用户进行分类。聚类分析是一种无监督学习方法,它根据数据对象之间的相似性将其划分为不同的类别。通过对电商用户的购买行为、浏览记录、偏好等数据进行聚类分析,可以将用户分为不同的群体,如高价值客户、潜在客户、流失客户等。企业可以根据这些分类结果制定精准的营销策略,针对不同群体的客户提供个性化的产品推荐、促销活动等,从而提高客户满意度和企业的市场竞争力。

关联规则挖掘也是大数据分析中的重要方法之一,它用于发现数据集中不同项目之间的关联关系。在电商平台中,关联规则挖掘可以帮助企业发现商品之间的关联关系,例如哪些商品经常被一起购买。通过这些关联信息,企业可以优化商品陈列、进行交叉销售和捆绑销售等,为商品推荐系统提供有力支持。例如,当用户购买了手机,系统可以根据关联规则推荐手机壳、充电器等相关配件,提高用户的购买转化率和客单价。

除了数据挖掘和分析能力,学生还需要具备数据可视化的能力。数据可视化是将数据以直观易懂的图表、图形等形式呈现出来的过程,它可以帮助决策者更快速、准确地理解数据背后的含义。在大数据时代,数据量巨大且复杂,如果仅仅以数字和表格的形式呈现数据,决策者很难从中获取有价值的信息。通过数据可视化技术,如柱状图、折线图、饼图、散点图、热力图等,可以将数据的特征、趋势和关系直观地展示出来,使决策者能够更清晰地把握数据的本质,从而做出更科学的决策。

(二)强调跨学科整合能力

大数据时代的到来,使得统计学与计算机科学、信息学、社会学等多个学科的交叉与融合变得尤为关键。这种跨学科的发展趋势要求统计学教学目标必须加强学生的跨学科综合能力培养,使学生能够在不同领域中灵活应用统计学方法解决实际问题。

在当今的科技发展中,各个学科之间的界限越来越模糊,许多实际问题的解决需要综合运用多个学科的知识和方法。统计学作为一门研究数据收集、整理、分析和解释的学科,在大数据时代具有重要的应用价值。然而,仅仅掌握统计学知识是远远不够的,学生还需要了解相关学科的基本原理和方法,才能更好地应对复杂的实际问题。以生物医学领域为例,统计学与计算机科学、生物学的交叉应用十分广泛。随着基因测序技术的不断发展,生物医学领域产生了海量的基因数据。这些数据包含了生物体的遗传信息,对于研究基因与疾病之间的关联、开发个性化医疗方案等具有重要意义。通过统计学方法可以对基因测序数据进行分析,挖掘基因与疾病之间的关联。例如,使用病例-对照研究方法,比较患病群体和健康群体的基因差异,找出与疾病相关的基因位点。同时,借助计算机科学的算法和技术可以实现大规模生物数据的高效处理和存储。生物信息学作为一门交叉学科,融合了统计学、计算机科学和生物学的知识,利用计算机算法和数据库技术对生物数据进行管理、分析和挖掘。

在社会学研究中,统计学与社会学的结合也发挥着重要作用。社会学研究关注社会现象和社会行为,需要通过收集和分析大量的社会调查数据来揭示社会现象背后的规律和趋势。统计学方法可以帮助社会学家设计合理的调查方案、收集和整理数据、进行数据分析和假设检验等。例如,在研究社会阶层与教育机会的关系时,社会学家可以通过问卷调查收集不同社会阶层家庭的教育支出、子女受教育程度等数据,然后使用统计学方法进行相关性分析、回归分析等,以揭示社会阶层与教育机会之间的内在联系。因此,学生需要具备跨学科的知识和思维方式,能够将统计学方法与其他学科的知识相结合,解决复杂的实际问题。这就要求统计学教学不仅要传授统计学的专业知识,还要引导学生了解相关学科的基本概念和方法,鼓励学生参与跨学科的研究项目和实践活动。

(三)关注数据驱动的决策支持能力

大数据时代的决策支持、政策评估、市场分析等应用场景对统计学教育提出了更高的要求,统计学教育不仅仅局限于传授分析方法,还应关注如何在实际工作中利用数据提供可操作的见解。这意味着在统计学课程中,学生不仅要学会如何建立统计模型、进行数据清洗和分析,还要深入理解如何通过数据驱动的方式为决策提供支持。

在现代社会中,数据已经成为一种重要的资产,企业和政府等组织越来越依赖数据来做出决策。数据驱动的决策是指基于数据分析和挖掘的结果,为决策提供科学依据和支持。在这个过程中,统计学发挥着核心作用。

在企业的市场决策中,学生需要运用统计学方法对市场数据进行分析,预测市场趋势,为企业的产品研发、营销策略制定等提供决策依据。市场数据包括消费者的需求、偏好、购买行为等信息,以及竞争对手的产品、价格、市场份额等信息。通过对这些数据的收集和分析,企业可以了解市场的现状和发展趋势,发现潜在的市场机会和威胁。例如,企业可以使用时间序列分析方法对销售数据进行预测,了解产品的销售趋势和季节性变化规律,从而合理安排生产和库存。同时,企业还可以使用市场细分方法对消费者进行分类,了解不同消费者群体的需求和偏好,为产品研发和营销策略制定提供针对性的建议。

在政府的政策评估中,学生需要通过对相关数据的收集和分析,评估政策的实施效果,为政策的调整和完善提供建议。政策评估是一个复杂的过程,需要综合考虑政策的目标、实施过程和效果等多个方面。统计学方法可以帮助我们建立科学的评估指标体系,收集和整理相关的数据,进行数据分析和评价。例如,在评估一项教育政策的实施效果时,可以收集学生的学习成绩、升学率、就业情况等数据,使用统计学方法进行对比分析和差异检验,评估政策对学生学习和发展的影响。同时,还可以通过问卷调查、访谈等方式收集教师、家长和学生的意见和建议,综合评估政策的实施效果,为政策的调整和完善提供依据。因此,统计学教学目标必须强调数据处理、模型构建、结果解释和决策应用等方面的能力培养,使学生能够将数据分析的结果转化为实际的决策行动。在数据处理方面,学生需要掌握数据清洗、数据转换、数据集成等技术,确保数据的质量和可用性。在模型构建方面,学生需要了解不同类型的统计模型,如线性回归模型、逻辑回归模型、决策树模型等,能够根据实际问题选择合适的模型进行分析。在结果解释方面,学生需要能够准确理解和解释统计分析的结果,将数据背后的信息以通俗易懂的语言传达给决策者。

三、教学目标的优化与创新方案

(一)强化现代数据处理技术掌握

在大数据时代,数据以前所未有的速度和规模增长,其复杂性和多样性也不断提升。为了使统计学专业的学生能够适应这一时代需求,统计学教学目标的优化与创新势在必行,其中强化学生对现代数据处理技术的掌握是关键环节,需从多个基本操作层面以及结合前沿技术等维度全面推进。

数据采集是数据处理的首要步骤,学生需要深入了解各种数据采集工具和方法。网络爬虫作为一种重要的数据采集工具,其原理是通过模拟浏览器行为,自动访问网页并提取所需信息。学生要掌握网络爬虫的工作原理,包括如何编写爬虫程序、处理网页结构和反爬机制等。例如,在进行市场调研时,学生可以使用网络爬虫从各大电商平台采集商品价格、销量、用户评价等数据,为企业的市场分析提供依据。传感器数据的收集也是数据采集的重要方面,随着物联网技术的发展,各种传感器被广泛应用于环境监测、工业生产、智能家居等领域。学生需要了解不同类型传感器的工作原理和数据采集方式,能够对传感器采集到的实时数据进行处理和分析。

数据清洗是保证数据质量的关键环节。在实际应用中,数据往往存在缺失值、异常值和重复数据等问题,这些问题会影响数据分析的准确性和可靠性。学生要掌握处理这些问题的方法,如对于缺失值,可以采用删除法、插补法等进行处理;对于异常值,可以使用统计方法或机器学习算法进行识别和处理;对于重复数据,可以通过数据去重算法进行清理。例如,在处理医疗数据时,患者的某些检查指标可能存在缺失值,学生需要根据数据的特点和分析目的选择合适的插补方法,如均值插补、中位数插补或基于模型的插补等,以保证数据的完整性和准确性。

数据存储是数据处理的重要基础。学生需要了解数据库管理系统的基本原理和操作方法,包括关系型数据库和非关系型数据库。关系型数据库如 MySQL、Oracle 等,适用于处理结构化数据,具有数据一致性高、查询效率高等优点;非关系型数据库如 MongoDB、Redis 等,适用于处理半结构化和非结构化数据,具有灵活性高、可扩展性强等优点。学生要能够根据数据的特点和应用场景选择合适的存储方式,如对于电商平台的用户交易数据,可以使用关系型数据库进行存储,以便进行复杂的查询和分析;对于社交媒体的文本数据,可以使用非关系型数据库进行存储,以满足数据的快速存储和检索需求。

数据可视化是将数据以直观的图表、图形等形式展示出来的过程,能够帮助用户更好地理解数据和发现数据中的规律。学生需要掌握各种可视化工具和技术,如 Python 的 Matplotlib、Seaborn 库等。Matplotlib 是 Python 中最常用的可视化库,提供了丰富的绘图函数和工具,能够绘制各种类型的图表,如折线图、柱状图、散点图等;Seaborn 是基于 Matplotlib 开发的高级可视化库,提供了更美观、更简洁的绘图风格和函数,能够快速生成高质量的统计图表。例如,在分析企业的销售数据时,学生可以使用 Matplotlib 绘制销售趋势图,展示销售额随时间的变化情况;使用 Seaborn 绘制箱线图,分析不同产品的销售分布情况。

同时,结合机器学习、人工智能等技术,使学生能够应用先进工具处理复杂数据。机器学习是一门多领域交叉学科,涉及概率论、统计学、逼近论、凸分析、算法复杂度理论等多门学科。学生需要学习机器学习中的分类、回归、聚类等算法,如决策树、支持向量机、K 近邻算法等,能够运用这些算法对大数据进行分析和预测。深度学习是机器学习的一个分支,它通过构建多层神经网络模型,自动从数据中学习特征和模式。学生需要了解深度学习中的神经网络模型,如卷积神经网络(CNN)、循环神经网络(RNN)等,能够运用

这些模型处理图像、语音、文本等复杂数据。例如,在图像识别领域,学生可以使用卷积神经网络对图像进行分类和识别;在自然语言处理领域,学生可以使用循环神经网络对文本进行情感分析和机器翻译。

(二)增加实际案例分析

案例分析在统计学教学中具有不可替代的作用,它不仅能够帮助学生将理论知识应用于实际情境,培养他们的创新思维和批判性思维,还能够帮助学生更好地理解统计学方法。

在选择案例时,应充分考虑案例的多样性和代表性,涵盖不同领域和不同类型的数据。金融领域的股票价格预测案例具有重要的实际意义,股票市场是一个复杂的系统,受到众多因素的影响,如宏观经济数据、公司财务报表、政策法规等。通过对股票价格预测案例的分析,学生可以学习到如何运用时间序列分析、回归分析等统计学方法对股票价格进行建模和预测,了解金融市场的运行规律和风险特征。医疗领域的疾病诊断案例也是一个重要的应用场景,医学数据具有复杂性和不确定性,如患者的症状、体征、检查结果等。通过对疾病诊断案例的分析,学生可以学习到如何运用分类算法、机器学习模型等对疾病进行诊断和预测,提高医疗诊断的准确性和效率。交通领域的流量预测案例则涉及城市交通规划、智能交通系统等方面,通过对交通流量数据的分析,学生可以学习到如何运用数据分析方法对交通流量进行预测和优化,缓解城市交通拥堵问题。

在案例分析过程中,应引导学生从问题定义、数据收集、方法选择、模型构建到结果解释和应用进行全面的分析和实践。以分析一个电商平台的用户购买行为案例为例,首先,学生需要明确分析的目标,如预测用户的购买意向。这一步骤要求学生对问题进行深入地理解和分析,确定问题的关键因素和研究范围。然后,学生需要收集相关的数据,如用户的浏览记录、购买历史、个人信息等。数据收集是案例分析的基础,要求学生掌握数据采集的方法和技巧,确保数据的准确性和完整性。接下来,学生需要选择合适的分析方法,例如逻辑回归模型。在选择分析方法时,学生需要考虑数据的特点、问题的性质和分析的目的等因素,选择最适合的方法进行分析。构建模型并进行训练和评估是案例分析的核心环节,学生需要使用收集到的数据对模型进行训练,调整模型的参数,提高模型的准确性和泛化能力。最后,学生需要对分析结果进行解释,为电商平台的营销策略提供建议。结果解释要求学生能够将数据分析的结果以通俗易懂的语言传达给决策者,为实际问题的解决提供有价值的参考。

(三)注重跨学科培养

教学目标的优化还应注重跨学科的培养。大数据时代的数据具有多源异构、复杂多样的特点,往往涉及多个领域的知识和技术。因此,统计学教育应鼓励学生跨学科学习,提供跨学科合作的机会,使学生能够更全面地掌握统计学方法,并学会如何在复杂的、多

维度的数据环境中应用这些方法。

统计学与计算机科学的融合是跨学科培养的重要方面。计算机科学为统计学提供了强大的计算工具和算法支持，如数据挖掘算法、机器学习算法等。同时，统计学为计算机科学提供了理论基础和数据分析方法，如概率统计、数理统计等。通过与计算机科学的融合，学生可以学习到如何运用计算机技术处理和分析大规模数据，开发高效的数据处理算法和模型。例如，在大数据处理领域，学生可以学习到如何使用分布式计算框架如Hadoop、Spark等对海量数据进行存储和处理；在人工智能领域，学生可以学习到如何运用深度学习算法对图像、语音、文本等数据进行分析和处理。

统计学与社会科学的融合也具有重要的意义。社会科学研究涉及人类社会的各个方面，如社会学、经济学、政治学等。统计学为社会科学研究提供了数据分析和实证研究的方法，能够帮助社会科学家更好地理解社会现象和社会问题。通过与社会科学的融合，学生可以学习到如何运用统计学方法对社会调查数据、实验数据等进行分析和解释，为社会科学研究提供有价值的参考。例如，在社会学研究中，学生可以运用统计学方法对社会分层、社会流动、社会变迁等问题进行研究；在经济学研究中，学生可以运用统计学方法对经济增长、通货膨胀、就业等问题进行分析和预测。

统计学与医学的融合在生物医学研究和临床实践中发挥着重要作用。医学数据具有复杂性和不确定性，如患者的症状、体征、检查结果等。统计学为医学研究提供了数据分析和实验设计的方法，能够帮助医学科学家更好地理解疾病的发生发展机制，评估治疗效果，制定个性化的治疗方案。通过与医学的融合，学生可以学习到如何运用统计学方法对医学数据进行分析和解释，为医学研究和临床实践提供有价值的参考。例如，在药物临床试验中，学生可以运用统计学方法对药物的疗效和安全性进行评估；在疾病预测和诊断中，学生可以运用机器学习算法对患者的病历数据进行分析和预测。

为了实现跨学科培养的目标，可以开设跨学科的课程或项目，让学生与不同学科的学生合作完成一个实际项目。在项目中，学生可以充分发挥各自学科的优势，共同解决问题。例如，可以开设一门"大数据与社会科学研究"的跨学科课程，邀请统计学、计算机科学和社会科学的教师共同授课，让学生学习如何运用大数据技术和统计学方法对社会科学问题进行研究。同时，可以组织学生参加跨学科的科研项目，如"基于大数据的疾病预测与防控研究"项目，让学生与医学、计算机科学等学科的学生合作，共同完成项目的研究任务。

第二节 统计学课程内容与结构的创新

一、课程内容与大数据技术相结合的方向

(一)数据收集:引入大数据收集技术

传统的统计学教学中,数据收集主要通过传统调查和实验方法来实现,然而随着大数据技术的发展,数据的收集方式已经发生了根本变化。大数据时代的数据收集不仅仅局限于人工调查和实验,现代技术能够帮助自动化收集大量、多元化的数据源。为此,课程应当引入新的数据收集方法。

1. 网络爬虫技术

网络爬虫技术是大数据时代一种重要的数据收集手段,它可以帮助学生从互联网上自动抓取文本、图像、视频等各种类型的数据。网络爬虫是一种按照一定规则,自动地抓取万维网信息的程序或者脚本。它通过模拟浏览器的行为,向网页服务器发送请求,获取网页的 HTML 代码,然后对代码进行解析,提取出所需的数据。

在市场调研领域,网络爬虫技术具有广泛的应用。企业可以通过爬取各大电商平台的商品信息、用户评价等数据,了解市场需求、竞争对手情况和消费者偏好。例如,某化妆品企业可以利用网络爬虫抓取各大电商平台上同类化妆品的价格、销量、用户评价等数据,分析市场趋势和消费者需求,为产品的研发、定价和营销策略提供依据。在舆情分析领域,网络爬虫可以爬取社交媒体、新闻网站等平台上的公开数据,分析公众情绪、产品反馈等。例如,政府部门可以通过爬取社交媒体上关于某项政策的讨论和评价,了解公众对政策的态度和意见,及时调整政策方向。

网络爬虫技术的优势在于它能够大大提高数据收集的效率。传统的市场调研和舆情分析需要人工收集和整理大量的数据,而网络爬虫可以在短时间内自动抓取大量的数据,节省了大量的时间和人力成本。此外,网络爬虫还能够实现实时、动态的数据抓取。互联网上的数据是不断更新和变化的,网络爬虫可以定期或实时地对目标网站进行抓取,获取最新的数据,保证数据的时效性和准确性。然而,网络爬虫技术的应用也需要遵循一定的规则和法律法规。在使用网络爬虫时,需要遵守网站的 robots.txt 协议,尊重网站的隐私政策和数据使用规定,不得进行恶意抓取和数据滥用。

2. 传感器网络

传感器是一种能够感知物理量、化学量或生物量等信息,并将其转换为电信号或其他形式信号的装置。传感器网络由大量的传感器节点组成,这些节点通过无线通信技术连接在一起,形成一个自组织的网络。

在智慧城市建设领域,传感器网络发挥着重要的作用。通过在城市的各个角落布设传感器,可以实时监测城市的交通流量、空气质量、噪声水平、能源消耗等信息。例如,在交通管理方面,可以通过在道路上安装车辆传感器,实时监测车辆的行驶速度、流量和拥堵情况,为交通指挥和调度提供依据;在能源管理方面,可以通过在建筑物内安装能源传感器,实时监测建筑物的能源消耗情况,实现能源的优化管理和节能减排。

在环境监测领域,传感器网络可以实时采集环境数据,为环境保护和生态研究提供支持。例如,在大气环境监测方面,可以通过在不同地点安装空气质量传感器,实时监测空气中的污染物浓度、气象参数等信息,及时发现和预警空气污染事件;在水环境监测方面,可以通过在河流、湖泊、海洋等水域安装水质传感器,实时监测水体的酸碱度、溶解氧、化学需氧量等指标,为水资源保护和水污染治理提供数据支持。

在健康监控领域,传感器网络可以实时监测人体的生理参数和健康状况。例如,通过佩戴智能手环、智能手表等可穿戴设备,内置的传感器可以实时监测人体的心率、血压、睡眠质量等信息,并将数据传输到手机或云端,为用户提供健康建议和预警。

在统计学课程中加入如何利用传感器网络进行实时数据采集与监测的教学内容具有重要的意义。学生可以学习到传感器网络的基本原理、架构和通信协议,掌握传感器数据的采集、传输和处理方法,了解传感器网络在不同领域的应用案例。通过实际操作和项目实践,学生可以提高自己的动手能力和解决实际问题的能力,为未来从事相关领域的工作打下坚实的基础。同时,传感器网络技术的发展也为统计学的研究提供了新的数据来源和研究方向,学生可以利用传感器网络采集的数据进行数据分析和建模,探索物理世界中的规律和模式。

(二)数据整理:处理非结构化数据

传统统计学中,数据整理主要针对结构化数据的清洗和标准化处理。大数据时代,数据往往来源于各种渠道,种类繁多,且大量是非结构化数据,如文本、图像、音频等。因此,统计学教学中必须引入新的技术来处理这些复杂的数据。

1. 自然语言处理(NLP)

自然语言处理(NLP)是一门融合了计算机科学、语言学等多学科知识的技术领域,其核心目标是让计算机能够理解、处理和生成人类语言。在统计学教学中,引入 NLP 技术对于处理文本数据具有重要意义。

分词是 NLP 技术中的基础操作,它是将连续的文本序列按照一定的规则分割成一个个独立的词语。不同的语言和应用场景可能需要采用不同的分词算法。例如,在中文分词中,常用的方法有基于词典的分词、基于统计的分词和基于机器学习的分词等。准确的分词是后续文本分析的关键步骤,它直接影响到情感分析、主题建模等任务的准确性。

情感分析是通过对文本内容进行分析,判断文本所表达的情感倾向,如积极、消极或中性。在社交媒体数据、客户反馈数据等领域，情感分析可以帮助企业了解用户对产品或服务的满意度，及时发现问题并采取相应的措施。例如，通过分析客户在电商平台上的评价，企业可以了解客户对产品质量、物流速度、售后服务等方面的看法，从而有针对性地进行改进。

主题建模则是从大量的文本数据中提取出潜在的主题结构。它可以帮助用户快速了解文本数据的主要内容和主题分布，为信息检索、文本分类等任务提供支持。例如，在新闻报道分析中，主题建模可以将大量的新闻文章按照不同的主题进行分类，如政治、经济、科技、娱乐等，方便用户快速找到自己感兴趣的新闻内容。

NLP技术在处理社交媒体数据、客户反馈数据、新闻报道等文本数据方面具有广泛的应用前景。通过在统计学课程中教授NLP技术，学生可以掌握文本数据的处理方法和技巧，提高对文本数据的分析能力，为未来在相关领域的工作和研究打下坚实的基础。

2. 图像识别

随着互联网和数字技术的发展，视觉数据的数量呈现出爆炸式增长。图像识别技术作为处理视觉数据的关键技术，在各个领域的应用越来越广泛。因此在统计学课程中加入图像处理和分析的内容具有重要的现实意义。

图像处理是图像识别的基础，它包括图像的增强、滤波、降噪等操作，旨在改善图像的质量，提高图像的清晰度和可辨识度。例如，在医疗影像分析中，通过对X光片、CT图像等进行增强处理，可以更清晰地显示病变部位，帮助医生做出准确的诊断。

图像分类是图像识别中的一项重要任务，它是将图像分为不同的类别。传统的图像分类方法主要基于手工特征提取和机器学习算法，如支持向量机、决策树等。然而，随着深度学习技术的发展，卷积神经网络（CNN）在图像分类任务中取得了显著的成果。CNN是一种专门为处理图像数据而设计的神经网络，它能够自动学习图像中的特征，具有很高的分类准确率。例如，在安防监控领域，通过对监控摄像头拍摄的图像进行分类，可以识别出不同的物体和行为，如人员、车辆、盗窃行为等，为安全防范提供有力的支持。

目标检测是在图像中找出特定目标的位置和类别。与图像分类不同，目标检测不仅要判断图像中是否存在目标，还要确定目标的具体位置。目标检测技术在自动驾驶、智能交通等领域具有重要的应用价值。例如，在自动驾驶汽车中，通过目标检测技术可以识别出道路上的车辆、行人、交通标志等，为车辆的行驶决策提供依据。

图像分割是将图像中的不同对象或区域进行划分。它可以帮助我们更深入地理解图像的内容，提取出感兴趣的对象。图像分割技术在医疗影像分析、遥感影像处理等领域有着广泛的应用。例如，在医疗影像分析中，通过图像分割技术可以将肿瘤从正常组织中分割出来，为肿瘤的诊断和治疗提供重要的信息。

3. 音频处理

音频处理技术，如语音识别、音频分类等，已经在许多领域取得了显著的应用成果，因此在统计学课程中介绍音频处理技术具有重要的意义。

语音识别是将人类的语音信号转换为文本的过程。它涉及声学模型、语言模型等多个方面的技术。声学模型用于对语音信号的特征进行提取和建模,语言模型则用于对文本的语法和语义进行分析和处理。语音识别技术在语音助手、自动客服等应用中具有重要的作用。例如,用户可以通过语音指令与语音助手进行交互,查询信息、播放音乐、设置提醒等;在自动客服系统中,语音识别技术可以将用户的语音问题转换为文本,然后通过自然语言处理技术进行分析和解答,提高客服的效率和质量。

音频分类是将音频信号分为不同的类别,如音乐、语音、环境声音等。音频分类技术可以帮助我们对大量的音频数据进行管理和检索。例如,在音乐平台上,通过音频分类技术可以将不同类型的音乐进行分类,方便用户查找和收听自己喜欢的音乐;在安防监控领域,通过音频分类技术可以识别出不同的声音,如枪声、警报声等,及时发现异常情况。

在统计学课程中,介绍如何利用音频处理技术分析语音数据,实现自动化的语音识别与转录,可以让学生了解音频数据的处理方法和流程,掌握音频处理技术的基本原理和应用场景。同时,教学内容应与实际应用相结合,通过实际案例和项目实践,让学生更好地理解和掌握音频处理技术,提高学生的实践能力和解决实际问题的能力。

(三)数据分析:引入大数据分析算法

大数据时代的数据分析面临海量数据的挑战,传统的统计分析方法在面对如此庞大和复杂的数据时显得捉襟见肘。课程内容应当引入现代的大数据分析算法和技术,以提高数据处理效率并揭示数据中的潜在规律。

1.分布式计算与云计算

面对大数据量,分布式计算和云计算技术为数据处理提供了有效的解决方案。分布式计算的核心思想是将一个复杂的数据分析任务分解为多个子任务,并将这些子任务分配到多个计算节点上并行处理。这种并行处理方式能够充分利用多个计算节点的计算资源,显著提高处理速度和效率。云计算则是一种基于互联网的计算模式,它通过提供虚拟化的计算资源、存储资源和软件服务,使得用户可以根据需要灵活地获取和使用这些资源,而无需自行搭建和维护昂贵的硬件设施。

统计学课程应当介绍云平台(如 AWS、Azure)和分布式计算框架(如 Hadoop、Spark)的基本原理和应用。AWS(Amazon Web Services)是全球领先的云计算平台之一,提供了丰富的云计算服务,包括计算、存储、数据库、机器学习等。Azure 是微软推出的云计算平台,它与微软的其他产品和服务具有良好的集成性,为企业和开发者提供了一站式的云计算解决方案。

Hadoop 是一个开源的分布式计算框架,它基于分布式文件系统 HDFS(Hadoop

Distributed File System)和分布式计算模型 MapReduce。HDFS 能够将大文件分割成多个数据块,并分布存储在多个节点上,保证了数据的可靠性和高可用性。MapReduce 则是一种编程模型,它将数据分析任务分为 Map 和 Reduce 两个阶段,通过并行处理大量的数据,实现高效的数据处理。

Spark 是另一个流行的分布式计算框架,它在 Hadoop 的基础上进行了改进和优化。Spark 具有内存计算的能力,能够将数据缓存在内存中进行快速处理,大大提高了计算速度。此外,Spark 还提供了丰富的 API,支持多种编程语言,如 Python、Java、Scala 等,方便开发者进行数据处理和分析。

2. 机器学习与数据挖掘

机器学习技术使得统计学在大数据时代的应用得到了极大拓展。传统的统计学方法通常需要先设定明确的模型和假设,然后根据数据进行参数估计和假设检验。机器学习则更加注重从数据中自动学习规律和模式,无需事先设定复杂的模型。它通过对大量数据的学习和训练,构建出能够对未知数据进行预测和分类的模型。

机器学习技术主要包括监督学习、无监督学习和深度学习等。监督学习是指在有标签的数据上进行训练,通过学习输入数据和输出标签之间的关系,构建预测模型。常见的监督学习算法包括线性回归、逻辑回归、决策树、支持向量机等。这些算法广泛应用于预测和分类任务,例如在金融领域,线性回归模型可以用于预测股票价格波动,逻辑回归模型可以用于信用风险评估。无监督学习是指在无标签的数据上进行训练,通过发现数据中的内在结构和模式,对数据进行聚类和降维。常见的无监督学习算法包括 K-Means 聚类、层次聚类、主成分分析等。在市场细分领域,K-Means 聚类算法可以将客户按照消费行为和偏好进行分类,帮助企业制定个性化的营销策略。深度学习是机器学习的一个分支,它基于人工神经网络,通过构建多层的神经网络模型,自动学习数据的深层次特征。深度学习在图像识别、语音识别、自然语言处理等领域取得了巨大的成功。例如,在图像识别中,卷积神经网络(CNN)可以自动学习图像的特征,实现高精度的图像分类和目标检测。

3. 预测与模型构建

大数据分析的另一个重要方面是模型的构建与预测。在大数据环境下,海量的数据蕴含着丰富的信息,但如何从这些数据中提取有意义的信息,并用于指导决策,是大数据分析的核心目标。模型构建与预测就是实现这一目标的重要手段。

课程中可以引导学生使用统计学方法与机器学习算法相结合,构建适应大数据环境的统计模型。例如,回归分析是一种经典的统计学方法,它可以用于建立自变量和因变量之间的线性关系。在市场需求预测中,可以使用回归分析方法,根据历史销售数据、市场价格、消费者收入等因素,构建市场需求预测模型,预测未来的市场需求。时间序列分析是另一种重要的统计学方法,它主要用于处理随时间变化的数据。在销售预测中,时间序列分析可以通过分析历史销售数据的趋势、季节性和周期性等特征,构建时间序列模型,预测未来的销售情况。分类算法是机器学习中的一类重要算法,它可以将数据分为不同的类别。在异常行为识别中,可以使用分类算法,如决策树、支持向量机等,根据正常行为和异常行为的数据特征,构建分类模型,识别出异常行为。

二、课程结构的模块化与灵活化设计

(一)模块化课程结构的设计思路

在大数据时代,学生的学习需求日益多样化和个性化。为了更好地满足这一需求,统计学课程的结构设计需要具备更高的灵活性和模块化程度。模块化设计能够将课程内容按照不同的主题和功能进行划分,每个模块都有其独特且明确的学习目标和内容体系,有助于学生有针对性地进行学习,提高学习效果。

1. "数据处理与清洗"模块

在实际的数据分析工作中,原始数据往往存在各种质量问题,如缺失值、异常值和重复数据等,这些问题会严重影响后续分析的准确性和可靠性。因此,对收集到的数据进行预处理是数据分析的首要步骤,也是确保分析结果有效性的关键环节。该模块将系统地教授学生如何进行数据清洗、数据转换和数据集成等操作。在数据清洗方面,学生将学习多种处理缺失值的方法。删除法是一种简单直接的处理方式,但可能会导致数据量减少,影响分析的准确性,适用于缺失值比例较小且对整体数据影响不大的情况。均值填充法是用变量的均值来填充缺失值,这种方法简单易行,但可能会改变数据的分布特征。回归填充法则是通过建立回归模型,利用其他变量来预测缺失值,相对较为复杂,但能更好地保留数据的内在结构。

对于异常值,学生将掌握基于统计方法(如 Z-分数法、箱线图法)和机器学习方法(如孤立森林算法)的检测和处理技巧。Z-分数法通过计算数据点与均值的偏离程度,以标准差为单位来判断异常值;箱线图法则基于数据的四分位数来识别异常值,直观且易于理解。孤立森林算法是一种基于机器学习的异常检测方法,它通过构建随机森林来判断数据点的异常程度,适用于高维数据和复杂数据分布的情况。

数据转换是将数据从一种形式转换为另一种形式,以便更好地进行分析。学生将学习如何对数据进行标准化、归一化等操作。标准化可以使数据具有相同的尺度,消除不同变量之间的量纲影响,使得不同变量在分析中具有同等的重要性。例如,在多元回归分析中,如果变量的量纲差异较大,可能会导致某些变量对回归结果的影响被高估或低估,通过标准化可以避免这种情况的发生。归一化则可以将数据缩放到一个特定的区间,如[0,1],有助于提高某些算法的性能,特别是一些基于距离度量的算法,如 K-近邻算法。

数据集成是将来自不同数据源的数据整合到一起。在实际应用中,数据可能来自多个数据库、文件系统或网络接口,这些数据的格式、结构和语义可能存在差异。学生将学习如何解决这些差异,实现数据的有效集成,例如使用数据映射、数据匹配和数据融合等技术。数据映射是将不同数据源中的数据字段进行对应和转换,使得数据能够在统一的框架下进行处理。数据匹配则是通过比较不同数据源中的数据记录,找出相同或相似的记录,以便进行合并和整合。数据融合是将匹配后的数据进行合并和处理,消除数据中的冗余和冲突,生成统一的数据集。通过这个模块的学习,学生能够熟练掌握数据处理的基本技能,为后续的数据分析工作打下坚实的基础。例如,在进行市场调研数据分析时,学生可以对收集到的调查问卷数据进行清洗和转换,去除无效数据,统一数据格式,从而为后续的深入分析提供高质量的数据。

2."数据分析与建模"模块

数据分析是从数据中提取有价值信息的过程,而建模则是通过建立数学模型来描述数据之间的关系和规律,以便进行预测和决策的问题。该模块涵盖了多种数据分析和建模方法,为学生提供了全面的数据分析技能。

描述性统计分析是数据分析的基础,它可以帮助学生了解数据的基本特征,如数据的集中趋势(均值、中位数、众数)、离散程度(方差、标准差)和分布形态(正态分布、偏态分布)等。通过描述性统计分析,学生可以对数据有一个初步的认识,为后续的深入分析提供依据。例如,在分析一组学生的考试成绩时,通过计算均值可以了解学生的整体成绩水平,通过计算标准差可以了解成绩的离散程度,通过观察成绩的分布形态可以判断是否存在偏态,从而为教学评估和改进提供参考。

相关性分析用于研究变量之间的线性关系程度,学生将学习如何计算相关系数(如皮尔逊相关系数、斯皮尔曼相关系数),并判断变量之间的相关性强弱。皮尔逊相关系数适用于两个连续变量之间的线性相关性分析,它基于变量的协方差和标准差来计算相关程度。斯皮尔曼相关系数则是一种非参数的相关系数,适用于变量不满足正态分布或为有序变量的情况。这在市场分析中非常有用,例如可以通过分析产品价格和销售量之间的相关性,为企业制定合理的价格策略提供参考。如果产品价格和销售量之间存在较强的负相关关系,企业可以考虑适当降低价格来提高销售量。

回归分析是一种广泛应用的数据分析方法,用于建立自变量和因变量之间的数学关系。学生将学习线性回归、非线性回归等不同类型的回归模型,以及如何对回归模型进行评估和优化。线性回归模型假设自变量和因变量之间存在线性关系,通过最小二乘法来估计模型的参数。非线性回归模型则适用于自变量和因变量之间存在非线性关系的情况,需要使用更复杂的方法来估计模型参数。例如,在预测房地产价格时,可以使用回归分析建立房价与房屋面积、地理位置、周边配套设施等因素之间的关系模型。通过对回归模型的评估和优化,可以提高模型的预测准确性和可靠性。

聚类分析是一种无监督学习方法,用于将数据对象划分为不同的类别,使得同一类别内的数据对象具有较高的相似性,不同类别之间的数据对象具有较大的差异性。学生将学习 K-均值聚类、层次聚类等常见的聚类算法,并学会如何确定聚类的数量和评估聚类的效果。K-均值聚类算法通过迭代的方式将数据点分配到不同的聚类中心,使得每个聚类内的数据点到聚类中心的距离之和最小。层次聚类算法则是通过逐步合并或分裂数据点来形成聚类,它可以生成不同层次的聚类结构。聚类分析在市场细分、客户分类等领域有广泛的应用。例如,企业可以通过对客户的购买行为、偏好等数据进行聚类分析,将客户分为不同的群体,以便制定个性化的营销策略。

决策树是一种基于树结构进行决策的机器学习算法,它可以根据数据的特征进行分类和预测。学生将学习决策树的构建原理、算法(如 ID3 算法、C4.5 算法、CART 算法)以及如何对决策树进行剪枝和优化。ID3 算法基于信息增益来选择最优的分裂属性,C4.5 算法在 ID3 算法的基础上进行了改进,使用信息增益率来选择分裂属性,CART 算法则可以处理分类和回归问题,使用基尼指数来选择分裂属性。决策树在医疗诊断、风险评估等领域有重要的应用价值。例如,在医疗诊断中,决策树可以根据患者的症状、检查结果等信息进行疾病的诊断和预测。

3. "机器学习与深度学习应用"模块

随着人工智能技术的飞速发展,机器学习和深度学习在数据分析领域的应用越来越广泛,成为推动数据分析技术进步的重要力量。这个模块将深入介绍机器学习和深度学习的基本概念、算法和应用场景。

机器学习是一门多领域交叉学科,它致力于研究如何让计算机从数据中自动学习规律,并利用这些规律进行预测和决策的问题。学生将学习监督学习、无监督学习和强化学习等不同类型的机器学习算法。在监督学习方面,将重点介绍神经网络、支持向量机等经典算法。神经网络是一种模仿人类神经系统的计算模型,它由大量的神经元组成,可以自动学习数据的特征和模式。神经网络的结构包括输入层、隐藏层和输出层,通过调整神经元之间的连接权重来实现对数据的学习和预测。支持向量机是一种用于分类和回归分析的监督学习算法,它通过寻找最优的超平面来实现数据的分类。支持向量机在处理高维数据和小样本数据时具有较好的性能,在文本分类、图像识别等领域有广泛的应用。

深度学习是机器学习的一个分支,它基于深度神经网络,通过构建多层的神经网络模型,自动学习数据的深层次特征。卷积神经网络(CNN)是一种专门用于处理具有网格结构数据(如图像、音频)的深度学习模型,它在图像识别、目标检测等领域取得了巨大的成功。CNN 通过卷积层、池化层和全连接层等结构,自动提取图像的特征,从而实现对图像的分类和识别。循环神经网络(RNN)则适用于处理序列数据(如文本、时间序列等),

它能够捕捉序列数据中的时间依赖关系,在自然语言处理、语音识别等领域有广泛的应用。RNN 通过引入循环结构,使得模型能够记住之前的输入信息,从而更好地处理序列数据。

学生将学习如何使用这些算法和模型进行图像识别、语音识别、自然语言处理等任务。例如,在图像识别中,学生可以使用 CNN 模型对图像进行分类,识别出图像中的物体类别;在自然语言处理中,学生可以使用 RNN 模型进行文本生成、机器翻译等任务。通过实际的案例和项目实践,学生将掌握机器学习和深度学习算法的应用技巧,提高解决实际问题的能力。

4."统计软件与工具使用"模块

在实际的数据分析工作中,统计软件和工具是必不可少的。它们可以帮助学生提高数据处理、分析和可视化的效率,实现复杂的数据分析任务。这个模块将介绍常用的统计软件和工具,如 R、Python、SPSS、SAS 等。

R 是一种开源的统计编程语言,它具有丰富的统计分析包和可视化功能,广泛应用于学术研究和数据分析领域。学生将学习如何使用 R 进行数据处理、统计分析和绘图,例如使用 ggplot2 包进行数据可视化,使用 dplyr 包进行数据处理。ggplot2 包基于图形语法理论,提供了一种灵活且强大的绘图方式,可以创建各种类型的高质量图形。dplyr 包则提供了一组简洁的函数,用于数据的筛选、排序、分组和汇总等操作,大大提高了数据处理的效率。

Python 是一种通用的编程语言,它在数据分析领域也有广泛的应用。Python 拥有众多的数据分析库,如 NumPy、Pandas、Scikit-learn 等。NumPy 提供了高效的多维数组对象和数学函数,用于数值计算;Pandas 提供了数据结构和数据分析工具,用于数据处理和分析;Scikit-learn 则提供了丰富的机器学习算法和工具,用于模型训练和评估。学生将学习如何使用这些库进行数据处理、数据分析和机器学习建模。例如,使用 NumPy 进行矩阵运算,使用 Pandas 进行数据清洗和转换,使用 Scikit-learn 进行分类、回归和聚类分析等。

SPSS 是一种专业的统计分析软件,它具有简单易用的界面和丰富的统计分析功能,广泛应用于社会科学、医学等领域。学生将学习如何使用 SPSS 进行数据录入、数据清洗、统计分析和结果输出。SPSS 提供了直观的菜单和对话框操作方式,使得初学者能够快速上手进行统计分析。同时,SPSS 还提供了详细的统计分析报告和图表,方便用户对分析结果进行解释和展示。

SAS 是一种功能强大的统计分析软件,它在企业级数据分析和数据挖掘领域有广泛的应用。学生将学习如何使用 SAS 进行数据管理、统计分析和预测建模。SAS 具有高效的数据处理能力和丰富的统计分析模块,可以处理大规模的数据和复杂的分析任务。同时,SAS 还提供了强大的编程功能,用户可以通过编写 SAS 程序来实现自定义的数据分析和处理。通过学习这些统计软件和工具,学生将能够根据不同的数据分析任务和需求,选择合适的工具进行数据处理和分析,提高数据分析的效率和质量。

(二)模块化课程结构的优势

1. 满足学生个性化学习需求,实现定制化学习路径

在当今多元化且竞争激烈的就业市场环境下,不同职业领域对于统计学知识和技能的要求呈现出显著的差异化特征。模块化的课程设计为学生提供了根据自身兴趣和职业规划来定制学习路径的可能,使他们能够有针对性地获取与目标职业紧密相关的知识和技能。

对于有志于投身金融数据分析领域的学生而言,金融市场的高度复杂性和不确定性对他们的专业素养提出了极高的要求。金融市场中,资产价格波动频繁,受到宏观经济政策、行业动态、企业财务状况等多种因素的综合影响。为了准确评估金融风险、制定合理的投资策略,学生需要具备扎实的数据分析和建模能力,以及熟练运用机器学习和深度学习技术的能力。在"数据分析与建模"模块中,学生将系统学习回归分析、时间序列分析等重要方法。回归分析能够帮助学生揭示金融变量之间的因果关系,例如分析利率变动对股票价格的影响;时间序列分析则可用于预测金融资产的价格走势,如对汇率、股票指数等时间序列数据进行建模和预测。

"机器学习与深度学习应用"模块则为学生打开了一扇通往前沿技术的大门。神经网络作为深度学习的核心算法之一,具有强大的非线性映射能力,能够处理复杂的金融数据模式。学生可以利用神经网络模型对金融市场的趋势进行预测,识别潜在的投资机会。此外,学生还可以学习如何运用这些技术进行量化交易策略的开发,通过自动化交易系统实现高效的投资运作。对于希望从事市场调研工作的学生来说,市场调研的工作性质决定了他们需要具备出色的数据处理和统计软件使用技能。市场调研涉及大量市场数据的收集、整理和分析,这些数据来源广泛,包括调查问卷、市场监测数据、行业报告等,数据格式和质量也参差不齐。

在"数据处理与清洗"模块中,学生将学习如何处理市场调查问卷数据中的缺失值、异常值和重复数据。例如,在处理消费者调查问卷时,可能会出现部分受访者未填写某些问题的情况,学生需要运用合适的方法对缺失值进行填充;对于一些明显偏离正常范围的异常数据,要进行识别和修正;同时,要去除重复录入的数据,以确保数据的准确性和一致性。

"统计软件与工具使用"模块则着重培养学生运用专业软件进行数据可视化和报告生成的能力。学生可以学习使用如R、Python等编程语言,结合相关的数据处理和可视化库,将复杂的市场数据以直观的图表和图形形式呈现出来,如柱状图、折线图、散点图等。

2. 适应学术发展与技术进步,灵活调整课程内容与结构

在大数据时代,信息技术的飞速发展推动了数据分析领域的不断创新,新的技术和

方法层出不穷。模块化的课程设计赋予了教育者根据学术发展和技术进步灵活调整课程内容和结构的能力,确保学生所学知识始终与时代前沿保持同步。

随着深度学习技术的迅猛发展,一系列具有突破性的新技术和模型不断涌现。生成对抗网络(GAN)作为一种独特的深度学习模型,由生成器和判别器两个部分组成,通过两者之间的对抗训练来生成逼真的数据样本。在图像生成领域,GAN已经取得了令人瞩目的成果,能够生成高质量的人脸图像、风景图像等。Transformer模型则在自然语言处理领域引发了一场革命,它通过引入注意力机制,能够更好地捕捉文本中的长距离依赖关系,在机器翻译、文本生成、问答系统等任务中表现出色。

教育者可以及时将这些新的技术和方法纳入"机器学习与深度学习应用"模块中。在课程内容上,详细介绍GAN和Transformer模型的原理、算法实现和应用场景。通过理论讲解和实践操作相结合的方式,让学生深入理解这些新技术的工作机制,并掌握如何运用它们解决实际问题。例如,安排相关的实验课程,让学生使用Python编程语言和深度学习框架实现GAN和Transformer模型,进行图像生成和文本处理任务的实践。

同时,模块化课程设计还便于教育者根据学生的反馈和需求对课程模块进行优化和改进。学生作为课程的直接参与者,他们在学习过程中的体验和感受能够为课程的优化提供宝贵的参考。教育者可以通过定期开展问卷调查、课堂讨论、学生座谈会等方式,收集学生的意见和建议,了解他们在学习过程中遇到的问题和困难。

如果学生反映某些知识点的讲解不够深入,教育者可以对相关内容进行补充和拓展,提供更多的案例分析和实际应用场景,帮助学生加深理解。如果学生认为课程的实践环节不足,教育者可以增加实验课程的比重,设计更多具有挑战性的实践项目,让学生在实践中提高解决问题的能力。此外,教育者还可以根据学生的反馈,对教学方法进行改进和创新,采用更加多样化的教学手段,如在线教学、小组合作学习、项目式学习等,以提高学生的学习积极性和主动性,从而更好地满足学生的学习需求,提升课程的质量和教学效果。

第三节 基于大数据的统计学案例分析与应用课程设计

一、基于大数据的案例分析教学法

(一)案例分析教学法的核心价值

第一,在传统统计学教学中,理论知识的传授与实际应用往往存在严重脱节的问题。教师通常侧重于讲解统计学的基本概念、定理和公式,学生虽然能够在课堂上理解这些理论知识,但由于缺乏实际操作和应用的机会,很难将其运用到实际问题的解决中。这种教学模式导致学生在面对真实的大数据场景时,往往感到无从下手,无法将所学的理论知识转化为实际的分析能力。而基于大数据的案例分析教学法为解决这一困境提供了有效的途径。它通过引入实际的数据案例,将抽象的统计学理论与具体的实际问题相结合,让学生在实践中学习和应用统计学知识。在大数据时代,数据呈现出海量、多样、高速和高价值密度等特征,传统的教学方法难以让学生深刻理解和应对这些复杂的数据情况。案例分析教学法使学生能够直面大数据分析的真实场景,亲身体验数据的复杂性和多样性,从而更好地理解和掌握统计学的理论知识。

第二,学生在处理实际案例时,需要综合运用所学的统计学理论和方法,对数据进行深入剖析。这不仅要求他们掌握基本的统计概念和算法,还需要具备逻辑思维、批判性思维和创造性思维能力。以金融市场数据的分析为例,学生需要运用时间序列分析、回归分析等方法,预测市场趋势,评估投资风险。在这个过程中,他们需要不断地思考和尝试不同的分析方法,以找到最适合数据特点和问题需求的解决方案。例如,在进行股票价格预测时,学生可能会尝试使用不同的时间序列模型,如 ARIMA 模型、GARCH 模型等,并比较它们的预测效果。通过这种不断尝试和探索的过程,学生能够提高自己的逻辑思维能力,学会如何从复杂的数据中提取有价值的信息。同时,批判性思维能力也是学生在数据分析过程中不可或缺的。学生需要对分析结果进行批判性地思考和评估,判断其合理性和可靠性。例如,在使用回归分析建立股票价格与宏观经济指标之间的关系模型时,学生需要考虑模型的假设条件是否满足,是否存在多重共线性等问题。通过对比分析结果的批判性思考,学生能够提高自己的分析能力和判断能力。创造性思维能力在数据分析中也起着重要的作用。在面对复杂的数据和问题时,学生需要发挥自己的创造力,尝试新的分析方法和思路。例如,在处理高维、稀疏的电子商务数据时,学生可以尝试使用深度学习算法进行分析,以挖掘数据中隐藏的信息和模式。

第三,学生通过接触真实的行业数据,能够亲身体验大数据的复杂性和多样性。不同领域的数据具有不同的特点和规律,如金融数据的波动性、医疗数据的隐私性、电子商务数据的实时性等。学生在处理这些数据时,需要了解不同的数据特点,并选择合适的分析技术。对于金融数据,其波动性是一个重要的特点。学生在分析金融数据时,需要考虑数据的波动性对分析结果的影响,并选择合适的分析方法来处理这种波动性。例如,在进行风险评估时,学生可以使用风险价值(VaR)方法来衡量投资组合的风险水平,同时考虑数据的波动性。通过对金融数据的分析,学生能够深入理解金融市场的运行规律,掌握金融数据分析的方法和技巧。医疗数据具有高度的隐私性和复杂性。学生在处理医疗数据时,需要遵守相关的法律法规和伦理准则,保护患者的隐私。同时,由于医疗数据的复杂性,学生需要选择合适的分析方法来处理这些数据。例如,在进行疾病预测时,学生可以使用机器学习算法建立疾病预测模型,根据患者的症状和病史预测疾病的发生概率。电子商务数据具有实时性和海量性的特点。学生在处理电子商务数据时,需要使用高效的数据分析工具和技术,以处理海量的实时数据。例如,在进行用户画像和商品推荐时,学生可以使用聚类分析方法对用户进行分类,了解不同用户群体的消费行为和偏好;使用关联规则挖掘方法发现商品之间的关联关系,为用户提供个性化的商品推荐。

(二)真实行业数据的引入与应用

1. 关键作用与典型领域选择

金融、医疗、电子商务等领域是大数据应用的典型代表,这些领域的数据具有丰富的信息和复杂的结构,能够为学生提供多样化的学习素材。选择这些领域的原因在于它们在大数据时代具有重要的地位和广泛的应用。金融领域是经济的核心,其数据的分析对于投资决策、风险管理等具有重要的意义。医疗领域关系到人们的健康和生命安全,医疗数据的分析对于疾病的预防、诊断和治疗具有重要的作用。电子商务领域是互联网经济的重要组成部分,其数据的分析对于企业的市场营销、客户关系管理等具有重要的价值。

2. 金融领域数据应用

在金融领域,海量的交易数据、市场数据和客户数据蕴含着巨大的价值。学生可以通过分析股票价格数据、利率数据等,运用统计学方法进行风险评估、投资组合优化和市场趋势预测。股票价格数据是金融领域中最重要的数据之一。学生可以使用回归分析方法建立股票价格与宏观经济指标之间的关系模型,预测股票价格的走势。例如,学生可以选取国内生产总值(GDP)、通货膨胀率、利率等宏观经济指标作为自变量,股票价格作为因变量,建立多元回归模型。通过对历史数据的拟合和分析,学生可以得到各个自变量对股票价格的影响系数,并根据这些系数预测未来股票价格的走势。

利率数据也是金融领域中重要的数据之一。学生可以使用时间序列分析方法对利率数据进行建模和预测。例如,学生可以使用 ARIMA 模型对利率数据进行拟合和预测,了解利率的变化趋势和规律。

风险评估和投资组合优化是金融领域中的重要问题。学生可以使用风险价值(VaR)方法评估投资组合的风险水平。VaR 方法是一种基于统计学的风险评估方法,它通过计算在一定置信水平下投资组合的最大可能损失来衡量投资组合的风险水平。学生可以根据 VaR 方法的计算结果,调整投资组合的资产配置,以达到降低风险的目的。

3. 医疗领域数据应用

医疗领域的数据涉及患者的健康信息、疾病诊断数据和医疗费用数据等,具有高度的隐私性和复杂性。学生可以通过分析医疗数据,运用统计学方法进行疾病预测、疗效评估和医疗资源优化配置。

疾病预测是医疗领域中的重要问题之一。学生可以使用机器学习算法建立疾病预测模型,根据患者的症状和病史预测疾病的发生概率。例如,学生可以选取患者的年龄、性别、体重、血压、血糖等生理指标作为自变量,疾病的发生情况作为因变量,建立逻辑回归模型。通过对历史数据的拟合和分析,学生可以得到各个自变量对疾病发生概率的影响系数,并根据这些系数预测未来患者发生疾病的概率。

疗效评估是医疗领域中的另一个重要问题。学生可以使用生存分析方法来评估患者的治疗效果和生存时间。生存分析方法是一种用于分析事件发生时间的统计方法,它可以考虑到患者的生存时间和事件发生的情况。例如,学生可以使用 Kaplan-Meier 方法绘制生存曲线,比较不同治疗组患者的生存情况;使用 Cox 比例风险模型分析影响患者生存时间的因素。

医疗资源优化配置是医疗领域中的一个重要课题。学生可以通过分析医疗费用数据和患者的需求情况,运用统计学方法进行医疗资源的优化配置。例如,学生可以使用线性规划方法建立医疗资源分配模型,根据患者的需求和医疗资源的限制,合理分配医疗资源,以提高医疗资源的利用效率。

4. 电子商务领域数据应用

电子商务领域的数据包括用户行为数据、商品销售数据和市场竞争数据等,具有实时性和海量性的特点。学生可以通过分析电子商务数据,运用统计学方法进行用户画像、商品推荐和市场趋势分析。

用户画像是电子商务领域中的重要应用之一。学生可以使用聚类分析方法对用户进行分类,了解不同用户群体的消费行为和偏好。例如,学生可以选取用户的年龄、性别、地域、购买频率、购买金额等特征作为聚类变量,使用 K-均值聚类算法对用户进行分类。通过对不同用户群体的分析,学生可以了解他们的消费行为和偏好,为企业的市场营销和客户关系管理提供决策依据。

商品推荐是电子商务领域中的另一个重要应用。学生可以使用关联规则挖掘方法发现商品之间的关联关系,为用户提供个性化的商品推荐。例如,学生可以使用 Apriori 算法挖掘商品之间的关联规则,找出经常一起购买的商品组合。根据这些关联规则,企业可以为用户提供个性化的商品推荐,提高用户的购买转化率。

市场趋势分析是电子商务领域中的重要问题之一。学生可以使用时间序列分析方法对商品销售数据进行建模和预测,了解市场的变化趋势和规律。例如,学生可以使用 ARIMA 模型对商品销售数据进行拟合和预测,预测未来商品的销售情况。通过对市场趋势的分析,企业可以及时调整营销策略,提高市场竞争力。

(三)教师的引导与方法选择

1. 教师在教学过程中的重要角色

在案例分析教学过程中,教师扮演着至关重要的角色。教师不仅是知识的传授者,更是学生学习的引导者和组织者。教师需要引导学生运用统计方法进行数据分析,帮助学生理解如何根据数据背景和问题背景来选择合适的分析方法,同时还要培养学生的团队合作精神和创新能力。

2. 引导学生运用统计方法

在引导学生运用统计方法方面,教师可以通过讲解案例、示范操作和组织讨论等方式,帮助学生掌握统计方法的应用步骤和技巧。

讲解案例是教师引导学生运用统计方法的重要方式之一。教师可以选择具有代表性的实际案例,详细介绍案例的背景和问题,然后引导学生选择合适的统计方法进行分析。在讲解过程中,教师要注重解释统计方法的原理和应用条件,让学生理解为什么要选择这种方法。例如,在讲解一个金融市场数据分析案例时,教师可以先介绍金融市场的基本概念和数据特点,然后引导学生选择时间序列分析方法进行市场趋势预测。教师可以详细解释时间序列分析方法的原理和应用步骤,让学生了解如何使用这种方法进行数据分析。

示范操作是教师引导学生运用统计方法的另一种重要方式。教师可以使用统计软件,如 SPSS、SAS、R 等,对案例数据进行实际操作和分析,并向学生展示操作过程和分析结果。在示范操作过程中,教师要注重讲解操作步骤和注意事项,让学生掌握如何使用统计软件进行数据处理和分析。例如,教师可以在课堂上使用 R 语言对一个电子商务数据集进行聚类分析,并向学生展示如何使用 R 语言的相关函数进行数据处理、模型建立和结果可视化。

组织讨论是教师引导学生运用统计方法的有效方式之一。教师可以组织学生对案例分析过程中遇到的问题进行讨论,让学生分享自己的分析思路和方法,促进学生之间的交流和学习。在讨论过程中,教师要鼓励学生积极发言,提出自己的观点和疑问,并引导学生进行深入的思考和分析。例如,在讨论一个医疗数据分析案例时,教师可以提出一些问题,如"如何选择合适的机器学习算法进行疾病预测?""如何评估疾病预测模型的性能?"等,让学生进行讨论和交流。通过讨论,学生可以拓宽自己的思维视野,提高自己的分析能独立解决问题的能力。

3. 帮助学生选择合适的分析方法

在帮助学生选择合适的分析方法方面,教师需要引导学生了解不同统计方法的适用范围和局限性,以及如何根据数据背景和问题背景来选择最合适的分析方法。

不同类型的数据和不同的问题需要选择不同的统计方法。例如,对于数值型数据,学生可以选择使用均值、中位数、标准差等统计量进行描述性统计分析;对于分类型数据,学生可以选择使用频数、频率等统计量进行描述性统计分析。对于预测问题,学生可以选择使用回归分析、时间序列分析等方法进行预测;对于分类问题,学生可以选择使用逻辑回归、决策树、支持向量机等方法进行分类。

教师可以通过案例分析,让学生了解如何根据数据的特点和问题的需求来选择合适的分析方法。例如,在分析一个电子商务数据集时,教师可以引导学生观察数据的特点,如数据的类型、规模、分布等,然后根据问题的需求,如用户画像、商品推荐等,选择合适的分析方法。如果数据是高维、稀疏的,教师可以引导学生使用降维技术和机器学习算法进行分析;如果问题是进行用户分类,教师可以引导学生使用聚类分析方法进行分析。

同时,教师还可以引导学生思考不同分析方法的优缺点,培养学生的批判性思维能力。例如,在比较不同的回归分析方法时,教师可以引导学生思考线性回归方法和非线性回归方法的优缺点,以及在什么情况下应该选择哪种方法。通过对不同分析方法的比较和思考,学生可以更加深入地理解统计方法的本质和应用,提高自己的分析能力和决策能力。

二、数据驱动的教学内容与实践课程设计

(一)数据驱动教学内容的设计理念

与传统以理论知识为主的教学方式不同,数据驱动的教学更加强调学生的动手实践和创新思维能力的培养。学生通过自主操作数据,从数据的采集、清洗到建模与分析,逐步构建起对数据分析全过程的全面理解。在当今数字化时代,数据已成为推动各领域发展的核心要素,掌握数据分析能力对于学生未来的职业发展和学术研究至关重要。数据驱动的教学正是顺应这一时代需求,为学生提供了与现实紧密结合的学习体验,使他们能够更好地适应社会发展的需要。

1. 以学生为中心的实践导向教学

数据驱动的教学内容强调以学生为中心,通过实践导向的教学方法让学生在真实的或仿真的数据环境中操作,学习如何从大量复杂的数据中提取有价值的信息。在传统教学模式下,课程往往以教科书中的理论为依托,学生通过背诵和理解各种理论公式来应对考试,然而这种方式容易造成知识与实际操作之间的脱节。

传统教学注重知识的系统性和完整性,教师按照既定的教学大纲和教材内容进行授课,学生被动地接受知识。这种教学方式虽然能够让学生掌握一定的理论基础,但由于缺乏实际操作的机会,学生很难将所学知识应用到实际问题中。例如,在统计学课程中,学生可能熟练掌握了各种统计公式和方法,但在面对实际的数据集时,却不知道如何选择合适的方法进行分析。

数据驱动教学将教学的重点转移到如何利用现代数据处理技术解决实际问题上,学生不仅要学习如何应用传统统计学方法(如回归分析、假设检验等),还需要掌握如何在大数据环境下使用机器学习、数据挖掘等前沿技术解决复杂问题。在数据驱动的教学中,学生成为学习的主体,教师则扮演引导者和支持者的角色。教师为学生提供实际的

数据集和问题场景,让学生自主探索和解决问题。例如,在市场营销课程中,教师可以提供一份关于消费者购买行为的数据集,让学生通过数据分析来了解消费者的需求和偏好,从而制定相应的营销策略。在这个过程中,学生需要运用所学的统计学知识和数据分析技术,进行数据采集、清洗、建模和分析,最终得出有价值的结论。

2. 培养数据分析的思维模式

数据驱动的教学法不仅教会学生如何使用各种工具和技术,更重要的是培养他们从数据中洞察问题、推理和解决问题的能力。学生必须学会如何在实际应用中运用统计方法进行数据清理、建模和分析,以便得出科学合理的结论。

数据分析的思维模式是一种基于数据和证据的思维方式,它要求学生在面对问题时,能够从数据的角度进行思考和分析。在传统教学中,学生往往习惯于按照固定的模式和方法解决问题,缺乏独立思考和创新能力。数据驱动的教学则鼓励学生从数据中发现问题、提出假设,并通过数据分析来验证假设。例如,在生物学研究中,学生可以通过分析基因序列数据,发现不同物种之间的进化关系,提出关于物种进化的假设,并通过进一步的数据分析来验证假设的正确性。以一个涉及用户购买行为的数据集为例,学生在分析市场趋势并提出相应的营销策略的过程中,需要思考如何选择合适的分析方法。不同的分析方法适用于不同的数据类型和问题场景,学生需要根据数据的特点和问题的要求,选择最适合的方法进行分析。例如,如果数据是时间序列数据,学生可以选择使用时间序列分析方法来预测市场趋势;如果数据是分类数据,学生可以选择使用分类算法来进行用户分类。同时,学生还需要验证模型的有效性,确保模型能够准确地预测市场趋势和用户行为。验证模型的有效性可以通过交叉验证、留一法等方法进行。最后,学生需要解读数据分析结果,将数据分析结果转化为实际的营销策略。

3. 持续反馈与迭代优化

数据驱动的教学模式强调实践和持续地反馈。在传统教学中,学生的学习往往以一次性的考试评估为主,而数据驱动的教学则通过项目式学习、团队协作、案例讨论等方式,让学生在实践过程中不断修正错误并完善自己的数据分析能力。

传统教学的评估方式主要是通过考试来检验学生对知识的掌握程度,这种评估方式往往是一次性的,不能及时反映学生的学习过程和进步情况。数据驱动的教学则采用多元化的评估方式,包括项目报告、团队展示、案例分析等,能够全面地评估学生的学习成果和能力发展。例如,在一个数据分析项目中,教师可以通过评估学生的数据采集方法、数据分析过程、结果解读和报告撰写等方面,来全面了解学生的学习情况。

教师的角色从传统的"知识传授者"转变为"引导者"和"反馈者",他们不仅传授方法,还帮助学生理解和优化分析过程中的各个环节。在数据驱动的教学中,教师不再是知识的唯一来源,而是学生学习的引导者和支持者。教师为学生提供学习资源和指导,

帮助学生解决遇到的问题,并及时给予反馈和建议。例如,在学生进行数据分析的过程中,教师可以观察学生的操作过程,发现学生存在的问题,并及时给予指导和纠正。同时,教师还可以引导学生对分析结果进行深入思考,帮助学生提高数据分析的能力和水平。

(二)实践课程内容的全面覆盖

大数据分析不仅仅依赖于基础的统计方法,还要求学生掌握现代技术工具和分析算法。设计全面的实践课程,不仅要关注学生掌握工具和技术,更要培养他们在实际数据环境中灵活运用这些技术的能力。

1. 数据采集与存储技术

数据采集与存储是大数据分析的基础环节,学生必须了解如何从各种数据源中获取数据,并学会如何有效地存储和管理数据。大数据分析往往需要多平台、多工具的配合,因此,学生应掌握多种数据采集和存储方法,以应对不同的数据源和应用需求。

(1)数据采集方法　网络爬虫技术被广泛应用于从互联网上收集数据,学生通过学习如何编写网络爬虫,掌握从网站抓取文本、图像、视频等数据的方法。通过这种方式,学生可以收集电子商务平台、社交媒体、新闻网站等的数据,以进行市场分析、情感分析等应用。学生需熟练掌握爬虫框架(如 Scrapy、BeautifulSoup 等)及其与数据存储的结合。

在物联网和智慧城市建设中,传感器网络的数据采集尤为重要。学生通过学习如何使用传感器采集环境数据(如温度、湿度、压力等),掌握如何将这些数据实时收集并存储至数据库。传感器数据通常具有高频率、高实时性,因此,如何确保数据采集的准确性和可靠性是课程中的重点。

现代企业和开发者通常提供 API 接口,使得用户可以直接通过接口获取数据。学生应学习如何使用 API 进行数据采集,掌握 RESTful 接口和 JSON 格式的处理,学习如何从社交平台(如 Twitter、Facebook)、金融数据平台(如 Alpha Vantage、Yahoo Finance)等接口中提取数据。

(2)数据存储技术　大数据的存储要求高效、安全且可扩展。学生需要掌握大数据存储系统的基本原理和使用方法,如:

分布式存储系统:学生需要学习如何使用分布式存储系统(如 Hadoop HDFS、Amazon S3)来存储海量数据。通过学习分布式文件系统,学生能够理解数据的切分、复制与容错机制。

关系型与非关系型数据库:学生需要理解关系型数据库(如 MySQL、PostgreSQL)与非关系型数据库(如 MongoDB、Cassandra)的区别,并学习如何根据不同的数据特点选择合适的存储解决方案。

2. 数据清洗与预处理

在实际的大数据分析中,数据的质量往往不理想,可能包含缺失值、异常值、噪声数据等。数据清洗与预处理的过程是确保数据分析准确性和可靠性的关键环节。学生需掌握一系列清洗和预处理技术,以便对数据进行有效处理。

(1)数据清洗方法

缺失值填充:学生学习如何处理缺失数据,采用均值填充、插值法、KNN 填充等方法进行数据补充,了解不同填充方法的适用场景,并能根据数据的特点选择最合适的方法。例如,在医疗数据分析中,缺失的病人信息可能影响疾病预测模型的准确性,因此填补缺失值是提高模型准确度的关键。

异常值检测与处理:学生需要掌握如何使用统计方法(如 Z-分数法)、图形方法(如箱线图)和算法方法(如孤立森林算法)来检测和剔除数据中的异常值。异常值通常是数据中的噪声,可能导致模型训练时的偏差,学生需要学会如何判断并合理处理这些异常数据。

数据标准化与归一化:大数据分析中,数据的量纲不统一可能会影响模型训练的效果。学生应学习如何进行数据的标准化和归一化处理,确保不同量纲的数据能在同一模型中有效比较。常见的方法包括 Z-score 标准化、Min-Max 归一化等。

(2)数据预处理的自动化　学生应掌握如何使用现代数据处理工具(如 Pandas、Dask、Apache Spark)进行数据预处理,学习如何通过代码自动化执行数据清洗和处理工作,提高数据处理的效率和准确性。

3. 数据可视化

数据可视化是大数据分析中不可忽视的一环,它能够将复杂的数据结果转化为直观的图表和图形,帮助分析者从视觉上发现数据的规律和趋势。学生需要掌握多种数据可视化技术和工具,提升他们在实际数据分析中的表达和沟通能力。

(1)可视化工具

Tableau 与 PowerBI:这两款是常用的商业数据可视化工具,学生应学习如何使用这些工具创建各类交互式图表与仪表盘,帮助决策者从海量数据中提取关键业务洞察。通过与数据库和数据源连接,学生能够动态展示和分析数据。

Matplotlib 与 Seaborn:这些是 Python 中广泛使用的可视化库,学生通过学习如何使用 Matplotlib、Seaborn 等库,能够在编程环境中生成精美的图表,帮助展示分析结果。通过掌握这些技术,学生不仅能够绘制常见的柱状图、折线图、散点图,还能制作热图、密度图等复杂可视化效果。

(2)可视化设计原则　学生需要了解数据可视化的基本设计原则,如避免过度装饰、选择恰当的图表类型、色彩搭配等,使得图表更加易于理解和分析。通过学习这些原则,学生能够制作既美观又具有实际分析价值的可视化图表。

4. 机器学习与数据建模

机器学习是大数据分析中的核心技术之一,它能够自动从数据中学习规律,进行预测与分类。学生需要学习机器学习的基本概念、算法及其在数据分析中的应用。

(1)监督学习与无监督学习

监督学习:学生将学习如何使用线性回归、决策树、支持向量机等算法进行预测分析,并掌握如何选择合适的算法来建立预测模型。在金融、医疗等领域,监督学习可以帮助学生预测股票价格、疾病发展趋势等。

无监督学习:学生还需要掌握无监督学习的技术,如 K-means 聚类、主成分分析(PCA)等,用于数据的分类、降维与模式发现。例如,在市场分析中,通过 K-means 聚类算法,学生可以将客户群体划分为不同的市场细分群体。

(2)深度学习 深度学习作为机器学习的一部分,主要用于处理复杂的数据集(如图像、视频、语音等)。学生需要掌握神经网络、卷积神经网络(CNN)、循环神经网络(RNN)等技术,学习如何在实际数据集上进行深度学习模型的训练和优化。这些技能被广泛应用于语音识别、图像处理、自然语言处理等领域。

5. 预测分析与结果评估

学生必须学会如何对数据分析的结果进行评估和验证,确保模型的预测能力和效果。评估方法包括交叉验证、ROC 曲线、AUC 值、准确率等常用指标。

学生需理解并掌握各种评估指标,能够根据模型的评估结果进行调整和优化。例如,在分类问题中,学生需要计算准确率、召回率、F1 分数等;在回归问题中,学生要理解均方误差(MSE)等指标,帮助模型优化。

(三)校企合作与真实数据集的应用

企业合作不仅为学生提供了大量的真实数据,还能够帮助学生了解行业需求和实际操作过程。

1. 企业合作带来的实践机会

企业合作能够为学生提供实际的工作场景和项目经验,这是传统课堂教学所无法比拟的。在传统的教学环境中,学生往往只能接触到经过简化和处理的数据集,这些数据集虽然有助于学生理解基本的数据分析方法,但与实际工作中的数据情况存在较大差距。通过参与企业的数据分析项目,学生能够深入了解行业在数据分析中面临的实际问题,学习企业如何利用大数据技术进行决策分析和问题解决。

从行业应用的角度来看,不同行业的数据特点和分析需求差异巨大。以电商企业为例,其业务涉及海量的客户数据,包括客户的基本信息、购买行为、浏览记录等。学生与电商企业合作,分析这些客户数据,可以帮助企业优化营销策略。例如,通过对客户购买行为的分析,学生可以发现客户的购买偏好和消费习惯,从而为企业提供个性化的推荐策略,提高客户的购买转化率。同时,学生还可以分析不同营销活动的效果,为企业制定更加有效的营销方案提供数据支持。

再以医疗机构为例,随着医疗信息化的发展,医疗机构积累了大量的病患数据,如病历、检查报告、治疗记录等。学生与医疗机构合作,通过分析这些病患数据,可以预测疾病的发生概率。例如,利用机器学习算法对患者的基本信息、生活习惯、病史等数据进行分析,建立疾病预测模型,帮助医生提前发现潜在的疾病风险,采取相应的预防措施。这不仅有助于提高医疗服务的质量和效率,还能够为学生提供一个跨学科的学习机会,让他们了解医学领域的数据分析需求和应用场景。此外,企业合作还能够培养学生的团队协作能力和沟通能力。在企业项目中,学生通常需要与不同专业背景的人员合作,如数据工程师、业务分析师、项目经理等。

2. 真实数据集的使用

企业提供的真实数据集往往包含了大量未加工的数据,具有较高的复杂性和挑战性。与教学中使用的模拟数据集相比,真实数据集更加贴近实际情况,可能存在数据缺失、噪声、异常值等问题,需要学生运用所学的知识和技能进行处理和分析。

学生通过对这些数据的分析,能够更好地了解数据清洗、模型构建、结果解读等环节的难点。在数据清洗阶段,学生需要面对各种数据质量问题,如缺失值、重复值、错误数据等。不同的数据类型和业务场景需要采用不同的数据清洗方法,例如,对于数值型数据,可以使用均值、中位数或众数进行填充;对于分类型数据,可以使用最频繁出现的值进行填充。同时,学生还需要运用统计学方法和机器学习算法进行异常点检测和处理,以确保数据的准确性和可靠性。

在模型构建阶段,学生需要根据数据的特点和业务需求选择合适的分析方法和模型。真实数据集往往具有高维度、非线性等特点,需要学生运用复杂的机器学习和深度学习算法进行建模。例如,对于图像数据,可以使用卷积神经网络(CNN)进行特征提取和分类;对于文本数据,可以使用循环神经网络(RNN)或长短时记忆网络(LSTM)进行情感分析和文本生成。在模型构建过程中,学生需要不断调整模型的参数和结构,以提高模型的性能和泛化能力。

在结果解读阶段,学生需要将数据分析的结果转化为实际的业务建议。这要求学生不仅要具备扎实的数据分析知识和技能,还要了解业务背景和行业需求。例如,在分析电商企业的客户数据时,学生需要将分析结果与企业的营销策略相结合,为企业提供具体的建议和决策支持。同时,学生还需要对分析结果进行评估和验证,确保结果的可靠性和有效性。在这个过程中,学生不仅能够掌握数据分析的技术和工具,还能够学会如何面对实际问题中的数据挑战,提高自己的创新能力和解决问题的能力。真实数据集的使用为学生提供了一个实践和探索的平台,让他们在解决实际问题的过程中不断积累经验,提高自己的综合素质和竞争力。

第五章

新型教学方法在统计学教学中的应用

第一节 互动式教学与翻转课堂的应用

一、互动式教学的理念与实践

互动式教学是一种强调学生参与和教师与学生之间双向交流的教学模式。在传统的教学中,教师往往是知识的单向传授者,学生处于被动接受的状态。互动式教学则打破了这一模式,倡导学生在课堂上与教师、同学进行频繁互动,积极参与知识的探索和问题的解决中。通过问题导向的讨论、团队合作以及小组演示等方式,互动式教学能够激发学生的学习兴趣,促进其主动思考和深入理解。

在统计学教学中,互动式教学的应用主要体现在以下几个方面:

(一)问题导向的课堂讨论

在统计学教学中,这种方法具有独特的优势,能够帮助学生将抽象的统计学理论与实际问题紧密结合,提高学生运用统计学知识解决实际问题的能力。在这一过程中,教师精心设计与统计学理论和方法相关的实际问题,鼓励学生积极思考并尝试运用所学的统计学知识进行解决。通过讨论,学生不仅能够深入理解统计学的基本原理,还能学会如何根据具体问题选择合适的统计分析方法,培养他们的问题解决能力和数据分析思维。

1. 问题设计

教师在选择问题时,应充分考虑问题的现实意义和统计学价值。例如,市场调查问题可以涉及消费者行为分析、市场趋势预测等方面;健康数据分析问题可以包括疾病发病率的影响因素研究、医疗资源的合理分配等。教师将这些具有现实意义的大问题分解为多个子问题,让学生分组探讨。这些子问题应当紧密结合实际生活,既能帮助学生理解统计学的核心概念,如概率、均值、方差等,又能体现统计学应用的实际场景,如抽样调查、数据分析报告的撰写等。通过这种方式,学生能够更加直观地感受到统计学在实际生活中的广泛应用,提高他们对统计学的学习兴趣。

2. 小组讨论

学生在小组内进行深入的讨论,围绕数据收集、数据整理、假设检验、回归分析等方法展开辩论。在数据收集环节,学生需要讨论如何选择合适的样本、采用何种调查方法等问题;在数据整理阶段,他们要考虑如何对数据进行分类、编码和汇总;在假设检验和回归分析过程中,学生需要分析不同方法的适用条件和局限性。通过小组合作,学生不仅能够拓展思维,从不同的角度看待问题,提升问题分析能力,还能学会如何将理论知识与实际问题结合,选择恰当的统计分析工具。例如,在分析市场调查数据时,学生需要根据数据的特点和研究目的,选择合适的统计软件进行数据分析。

3. 教师引导

在讨论过程中,教师不再是传统的知识传授者,而是引导者和启发者。教师通过提问、引导、提示等方式,帮助学生深度思考,鼓励他们提出自己的观点和分析方法。例如,当学生在讨论中遇到困难时,教师可以通过提问的方式引导学生回顾相关的统计学知识,或者提示学生从不同的角度思考问题。教师的主要任务是帮助学生在解决问题的过程中理清思路、提高分析能力,而不是直接告诉学生答案。通过教师的引导,学生能够逐渐学会独立思考和解决问题的方法,培养他们的创新思维和实践能力。

(二)小组合作与同伴教学

小组合作与同伴教学是互动式教学的另一重要形式。通过将学生分组,鼓励他们互相交流、讨论和解决问题,能够增强学生的团队协作能力,促进不同思维的碰撞,帮助学生在互动中实现知识的内化。

1. 分组与任务分配

教师根据教学内容将学生分成若干小组,每个小组分配一个具体的统计学任务。例如,一个小组可以负责数据的收集与清洗,另一个小组可以负责数据的分析和结果解释。任务分配要充分考虑学生的个体差异和专业背景,确保每个学生都能在小组中发挥自己的优势。这种任务分配方式既能增强学生的责任感,让他们明确自己在小组中的角色和任务,也能促进不同学生之间的合作,实现优势互补。例如,在进行市场调查数据分析时,具有市场营销专业背景的学生可以负责设计调查问卷和分析市场趋势,而具有统计学专业背景的学生可以负责数据的收集和分析。

2. 合作学习

学生通过团队协作完成各项任务,在讨论中交换意见、提供反馈并共同决策。在合作过程中,学生可以分享不同的思路和方法,帮助彼此更好地理解统计学概念。特别是在复杂的分析过程中,互相帮助能够提高团队整体的学习效率。例如,在进行多元回归分析时,学生可能会遇到各种问题,如自变量的选择、模型的拟合优度等。通过小组讨论,学生可以分享自己的经验和方法,共同解决这些问题。同时,合作学习还能培养学生的沟通能力和团队合作精神,让他们学会如何与他人合作,共同完成任务。

3. 同伴教学

在小组合作的基础上,学生之间的同伴教学也发挥了积极作用。较为优秀的学生可以在小组中担任引导角色,向其他成员解释复杂的统计方法,帮助他们理解分析过程。这不仅能够巩固优秀学生对知识的理解,还能够提升他们的沟通能力和教学能力。同时,对于其他学生来说,同伴的讲解更容易理解和接受,能够帮助他们更好地掌握统计学知识。例如,在讲解时间序列分析方法时,优秀学生可以通过实际案例向其他成员展示如何进行数据预处理、模型选择和预测,让其他成员更加直观地理解这些方法的应用。

(三)课堂互动工具的应用

课堂互动工具的应用是现代教育技术的重要组成部分,它为教师和学生提供了即时互动和反馈的机会。通过使用各种在线工具,教师能够实时了解学生的理解程度,学生也能够通过互动获得及时的反馈,进一步巩固所学知识。

1. 在线问答与即时反馈

通过课堂上使用即时反馈工具(如雨课堂、学习通等),教师可以在课堂上快速收集学生的意见、问题以及理解情况。学生可以在这些平台上提问、回答问题,或者进行在线投票和调查。教师可以立即获取学生对知识点的掌握程度,并根据反馈调整讲解的深度和内容。例如,在讲解统计学中的概率分布时,教师可以通过在线问答工具向学生提出一些问题,了解学生对概率分布的理解情况。如果发现学生对某个概念理解存在困难,教师可以及时调整讲解方式,进行更加详细地解释。

2. 互动式测验与测评

利用在线测验平台,教师可以设计与课程内容相关的实时测验,帮助学生复习巩固知识。测验不仅可以作为学习评估的一种工具,还可以通过自评和互评,帮助学生了解自己的学习进展,并改进学习策略。例如,教师可以在每次课程结束后,通过在线测验平台布置一些与本节课内容相关的题目,让学生进行自我测试。学生完成测验后,可以立即看到自己的成绩和答案解析,了解自己对知识点的掌握情况。同时,教师可以根据学生的测验结果,进行有针对性的辅导和讲解。

3. 数据可视化与结果展示

通过互动工具,学生可以实时参与课堂中的数据可视化任务,如使用 R 语言、Python 等工具展示数据分析结果,并通过图表、图形等形式展示分析过程与结论。这种可视化不仅能增强学生对分析过程的理解,还能帮助他们在展示结果时更加直观和专业。例如,在进行数据分析时,学生可以使用 R 语言中的 ggplot2 包绘制各种图表,如柱状图、折

线图、散点图等,将数据分析结果直观地展示出来。通过数据可视化,学生能够更加深入地理解数据的特征和规律,提高他们的数据分析能力和表达能力。

4.虚拟课堂与小组讨论

通过利用虚拟课堂和在线小组讨论平台,学生可以在课堂外进行进一步的学习和讨论。这种工具能有效促进学生在课后继续参与讨论和学习,增强课堂学习的延续性。例如,教师可以在虚拟课堂平台上发布一些拓展性的学习资料和讨论话题,让学生在课后进行自主学习和讨论。学生可以在平台上发表自己的观点和见解,与其他同学进行交流和互动。通过虚拟课堂和在线小组讨论,学生能够拓宽自己的知识面,加深对统计学知识的理解,同时也能培养他们的自主学习能力和团队合作精神。

二、翻转课堂的设计与实施策略

(一)"翻转课堂"概述

在教育发展的历程中,教学模式的创新与变革始终是推动教育进步的重要力量。2000年,J.韦斯利·贝克(J. Wesley Baker)发表了关于教学改革的具有开创性意义的论文,在这篇论文中首次提出了"翻转课堂"这一全新的名词,为教育领域带来了新的理念和思路。①

目前,我国传统教学模式还存在着较为突出的问题。长期以来,传统教学以教师教为主,学生学为辅,形成了一种教师主导课堂、学生被动接受知识的局面。在这种模式下,教师往往按照既定的教学大纲和教材内容,进行"满堂灌"式的授课,学生缺乏主动参与和自主思考的机会。例如,在一些课堂上,教师整节课都在黑板前讲解知识点,学生只是坐在座位上听讲、记笔记,很少有机会表达自己的观点和想法。这种教学方式使得学生的主体地位没有得到真正提升,学生的学习积极性和主动性受到抑制,不利于培养学生的创新能力和实践能力。"翻转课堂"(inverted classroom)则是一种基于现代信息技术的新型教学模式。它打破了传统教学的时间和空间限制,将知识传递和知识内化的过程进行了颠倒。在课前,教师利用现代信息技术手段,如视频录制软件、在线学习平台等,提供相应的教学视频、课件、阅读材料等学习资源。学生可以根据自己的学习进度、学习能力和学习习惯,选择适合自己的方式开展自主学习。例如,学生可以在自己方便的时间和地点,通过观看教学视频,反复学习和理解知识点,实现知识的初步传递。

在课堂上,教师不再是单纯的知识传授者,而是引导学生进行答疑解惑、合作探究等活动。学生在课前自主学习过程中遇到的问题,可以在课堂上与教师和同学进行交流和

---

① 何朝阳,欧玉芳,曹祁.美国大学翻转课堂教学模式的启示[J].高等工程教育研究 2014,(2):148-151.

讨论,通过互动的方式解决问题,实现知识的内化。例如,在课堂上,教师可以组织学生进行小组讨论,让学生分享自己在课前学习中的收获和困惑,共同探讨解决问题的方法。这种教学模式与以往传统课堂形成了鲜明的区别,它更加注重学生的主体地位和主动学习能力的培养,有利于激发学生主动学习的兴趣。同时,通过师生之间、学生之间的互动交流,实现了师生之间的良性互动,为增强学生协作探究和创新应用能力提供了良好的契机。

(二)"翻转课堂"运用于统计教学的SWOT分析

1. 优势因素分析

与文科课程相比,统计学课程学习的知识点更为明确,其相关概念、原理和公式具有较强的逻辑性和系统性。这些特点使得统计学课程非常适合运用"翻转课堂"这种新型教学模式。例如,在讲解统计学中的概率分布、抽样方法等知识点时,教师可以借助课前微视频,将这些抽象的概念和复杂的公式以生动形象的方式展示给学生。通过动画演示、实例分析等手段,帮助学生更好地理解和掌握知识点。

传统的统计教学往往以教师的讲授为主,教学方法相对单一,课堂氛围比较枯燥。而"翻转课堂"这种新型教学形式可以增加课堂中的互动环节。在课堂上,教师可以组织学生进行小组讨论、案例分析等活动,增进老师与学生之间的交流。例如,教师可以给出一个实际的统计案例,让学生分组进行分析和讨论,然后每个小组派代表汇报讨论结果。在这个过程中,教师可以及时了解学生的学习情况,发现学生存在的问题,并给予针对性地指导。

与"翻转课堂"配套的在线检测系统采用了智能组卷、自动阅卷等创新评价技术。智能组卷可以根据教学目标和学生的学习情况,自动生成个性化的试卷,提高了测试的针对性和有效性。自动阅卷则大大减少了教师的阅卷工作量,提高了教学管理效率。

2. 劣势因素分析

从教师方面来看,课前准备工作量比较大。教师需要具备较高的信息技术水平和教学技术能力,精心准备课前微视频等相关学习资料。例如,教师要掌握视频录制、剪辑、编辑等技术,将教学内容制作成高质量的微视频。同时,教师还需要设计与微视频配套的学习任务单、练习题等,确保学生能够通过自主学习掌握知识点。这对于一些信息技术水平较低的教师来说,是一个较大的挑战。

从学生方面来看,学生需要投入更多学习时间。在课前,学生需要自主观看微视频、完成学习任务单和练习题,这需要学生具备较强的自主学习能力和时间管理能力。如果学生不能合理安排时间,就会在一定程度上加大学习压力。此外,倘若学生自主性不强,由于教师很难对每一位学生的上课状况进行实时监控,部分同学可能无法按时完成课前学习任务,达不到预期的学习效果。例如,有些学生可能会因为缺乏监督而偷懒,不认真

观看微视频,导致在课堂上无法参与讨论和互动。

3. 机会因素分析

近几年,"翻转课堂"教学模式在欧美顶级高校迅速发展起来,形成了一股教育教学改革的热潮。这股热潮也逐渐在我国高等教育和基础教育中延伸开来,为"翻转课堂"在我国的发展提供了良好的时代环境。越来越多的教育工作者开始关注和研究"翻转课堂",许多学校也积极开展"翻转课堂"的实践探索。

数字化教学平台的出现为"翻转课堂"的实施提供了强有力的技术支持。这些平台具有丰富的教学资源、便捷的交流互动功能和强大的数据分析能力。教师可以在平台上上传教学视频、学习资料,发布学习任务和作业,与学生进行在线交流和互动。学生可以通过平台随时随地进行学习,提交作业,查看学习成绩和反馈信息。同时,平台还可以对学生的学习数据进行分析,为教师提供个性化的教学建议。随着我国现代信息技术日益成熟,数字化教学平台的功能也越来越完善,"翻转课堂"在我国教育改革中会逐步发展起来。

4. 威胁因素分析

"翻转课堂"加强了老师与学生之间的互动交流,能够及时了解学生的学习情况和出现的问题。然而,我国大部分高校无法实现理想的小班教学。在大班教学的情况下,班级学生人数较多,教师很难关注到每一位学生的学习情况,无法满足每一位学生的个性化需求。例如,在课堂讨论环节,由于学生人数过多,有些学生可能没有机会充分表达自己的观点和想法,教师也无法对每一位学生的表现进行及时评价和指导。因此,班级授课制比较难保证"翻转课堂"的教学质量和课堂效果。

由于每个学生的自制力和自觉性不同,在"翻转课堂"的网络学习环境中,需要考虑网络学习引发的网络道德、网络行为等问题。例如,有些学生可能会利用网络学习的机会浏览与学习无关的内容,如玩游戏、看视频等。如果学生上网去浏览更为轻松、娱乐的内容,自主学习能力比较差,则无法参与实际课堂,使"翻转课堂"实际效果大打折扣。

(三)"翻转课堂"运用于统计教学的策略

"翻转课堂"并不简单等同于微视频,"翻转课堂"的成功与否在于课前、课中及课后的教学模式构建是否合理,具体策略如图5-1所示。

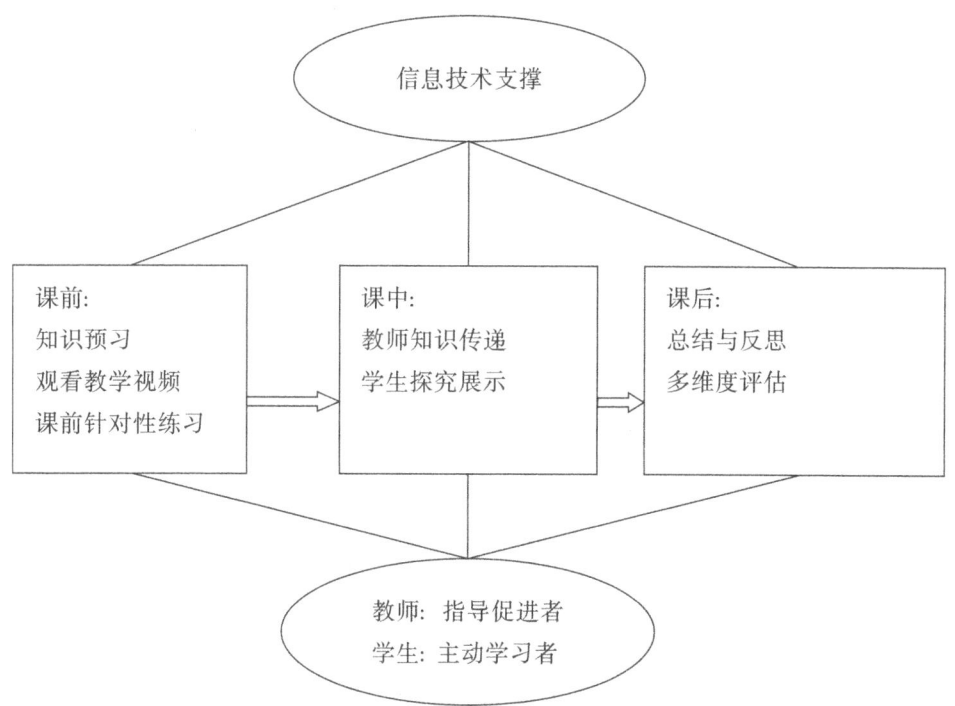

图 5-1　将"翻转课堂"应用于统计学教学的模式构建

1. 课前教学设计策略

课前教学设计要摒弃以往的程序化套路,结合统计学学科特点进行精心设计。统计学学科具有知识点明确、逻辑性强等特点,因此课前教学设计应重在展示和讲解教学思路及重点原理。

第一,要分析统计学教学内容的难易程度。对于较难的知识点,让学生通过微视频自主完成预习任务。微视频的长度最好在 10 分钟左右,这是因为心理学研究表明,人的注意力集中时间有限,视频时间太长,学生在预习的时候注意力容易被分散;而视频时间过于短小,则很难把要讲的内容完整地展现出来,学生预习后的知识水平也很难达到预期的效果。例如,在讲解统计学中的假设检验这一较难的知识点时,教师可以制作一个 10 分钟左右的微视频,重点讲解假设检验的基本原理、步骤和应用案例,让学生在课前对这一知识点有一个初步的了解。

第二,教师在制作微视频过程中,应该注重视频的质量。声音要清晰明亮,语言节奏感要强,内容讲解要清晰、生动、亲切,画面的重点信息要突出。由于动感画面更容易吸引注意力,所以教师要对录制完成后的微视频进行处理,如添加动画、字幕、音效等,从而激发学生学习兴趣。例如,在讲解统计学中的统计图时,教师可以通过动画演示的方式,展示不同类型统计图的制作过程和特点,让学生更加直观地理解和掌握知识点。

第三,微课后要进行总结,设置与微视频和上课内容相应的其他任务,并提出问题。不能看完微视频就结束,要引导学生进行深入思考和学习。例如,教师可以在微视频结束后,布置一些与知识点相关的练习题,让学生通过练习巩固所学知识。同时,教师还可以提出一些开放性的问题,让学生在课后进行思考和讨论,培养学生的创新思维和解决问题的能力。

2. 课堂教学活动策略

根据"翻转课堂"教学模式,结合统计学所学内容,将课堂教学活动设计分为如下几个环节。

(1)检验认知,交流解疑 由于各学生自身的知识结构、看问题的角度不同,所以教师要积极引导学生对课前教学视频和学习任务单中所涉及的练习题进行答案核准,及时纠正学生的错误。通过课堂开始阶段师生的交流环节,教师对学生观看视频遇到的疑惑点进行分析和讲解,使学生加深对此部分知识的建构,为实现课堂融洽的交流环境提供了前提保障。例如,教师可以让学生分组讨论练习题的答案,然后每个小组派代表汇报讨论结果。在学生汇报的过程中,教师可以及时发现学生存在的问题,并给予针对性地指导。

根据课前反馈情况,教师对反馈情况较好的学生进行提问,不仅可以检验学生课前测验结果的真伪,还可以帮助学生回顾、梳理本课知识内容,强调重点和难点,完成对知识的构建。此环节实际上是实现课前知识学习与课上学习活动的衔接过程,与传统教学中教师主宰课堂的情况相区别。例如,教师可以提问学生在课前学习中对某个知识点的理解和掌握情况,引导学生对知识点进行深入思考和总结。

(2)自主探究,完成作业 在统计学"翻转课堂"教学中,要不断挖掘学生内在的潜能,给学生提供自主探究的机会,不断提高学生独立学习和探索的能力。该环节预设时间为10分钟,让学生在规定时间内自主完成学习任务单中的练习题,重新审视自己理解知识的角度,完成知识的进一步学习。由于在上一个环节中已经对本节课重难点内容进行了梳理,故此环节结束之后不再开展纠错环节,但允许学生可以将有疑惑的问题带入下一个环节中。

在这个过程中,教师要在刚开始时给予学生一定的指导,积极观察有困难的学生,及时提供个性化指导,帮助学生完成任务。例如,教师可以在学生自主探究过程中,巡视教室,观察学生的学习情况,对于遇到困难的学生,教师可以给予提示和引导,帮助学生克服困难,完成学习任务。

(3)协作探究,深度内化 学生在上一阶段已建立基本的知识框架体系,但要实现知识深度内化,需要通过小组协作交流完成。传统课堂里的协作交流往往只是流于形式,难以真正发挥学生探索的积极性。"翻转课堂"课前学习任务中的部分练习是对教学知识内容的提升与拓展,具有一定的挑战性,学生可以通过小组协作探究来解决,实现知识深度内化。

一般以5到6人为一组,采取头脑风暴、小组讨论等学习策略,学生与同伴交流自己的见解和看法。教师也可以随时参与小组讨论,通过问题引导,分解知识难度,增加知识内化的次数,真正融入学生小组协作活动中。在此过程中,学生加深了对知识的理解和掌握,同时也激发了学生的创新意识和批判性思维,有利于促进学生的个性发展。教师也可以随时掌控课堂整体进程,从说教的传统角色转变为学生的引导者和促进者。例如,在小组讨论环节,教师可以提出一些具有启发性的问题,引导学生进行深入思考和讨论,帮助学生更好地理解和掌握知识点。

(4)成果展示,评价推优　采取的形式有演讲、报告会、辩论赛、小型比赛等,为学生创设一个自由和谐的课堂环境,检验学生的认知情况。本着公平公正的原则,教师应对表现好的个人和小组给予言语、掌声和分数奖励,培养学生积极进取的竞争意识。教师也可以通过此环节明确学生掌握知识的情况,适时调控学生学习的进度和方向,进而有针对性地进行后期的指导工作。

统计学"翻转课堂"的成果展示环节不仅可以在课堂上实现,也可以通过课下制作微视频的方式上传至网络交流平台,给更多学生表现的机会,让学生真正感受到平等的课堂地位。在课堂最后三分钟,教师通过知识结构图对整个课堂内容进行总结,帮助学生加深对课堂内容的理解。例如,在演讲型成果展示环节,学生可以将自己在小组协作探究过程中的收获和体会进行演讲,与其他同学分享。教师可以对学生的演讲进行评价和打分,鼓励学生积极参与成果展示活动。

3. 课后反思总结策略

在课堂教学活动结束后,并不意味着学习活动的结束。课后,教师要及时地进行观察与分析,根据学生的活动数据,建立学生档案,形成过程性评价、总结性评价、诊断性评价等。通过分析整个班级的学习情况,发现问题后积极寻找改进方法。对个别典型的学生和问题进行分析,制定相应方案。例如,教师可以通过分析学生在课堂上的表现、作业完成情况、测试成绩等数据,了解学生的学习进度和学习效果,发现学生存在的问题,如学习方法不当、知识掌握不牢固等。针对这些问题,教师可以制定个性化的辅导方案,帮助学生解决问题。同时,教师对整个教学活动过程进行反思总结,评价的内容包括课前设计、学习计划安排、课间活动安排、成果展示等。教师要把"学而后教,以学定教"作为统计学"翻转课堂"的主导理论,为下一次的"翻转课堂"提供经验,更好地发挥翻转课堂的优势。例如,教师可以反思课前微视频的制作是否合理,学习任务单的设计是否科学,课堂教学活动的组织是否有序等。此外,学生在课后完成相关的作业任务,利用平台拓展资源继续学习,巩固所学知识的同时拓宽学习视野。反思学习过程主要包括学习态度是否积极、协作探究是否积极思考并提出问题、成果展示是否认真参与,从中总结经验,吸取教训,在后面的学习中扬长避短,进一步完善优化统计学"翻转课堂"。例如,学生可以在课后回顾自己在课堂上的表现,思考自己在学习过程中存在的问题,如是否积极参与讨论、是否认真完成作业等。通过反思,学生可以总结经验教训,调整学习方法和态度,提高学习效果。

第二节　项目驱动教学法与案例教学法

一、项目驱动教学的理念与实施

在以项目为驱动的统计学教学模式中,综合性项目占据主导地位。如何设计出科学合理、切实可行的综合性项目并将其顺利实施,是统计学教师普遍关注的重要问题。所谓综合性项目,是指教师指导学生结合经济及社会实际情况,并根据学生的认识范围及能力,从选题、方案制定、抽样设计、数据的处理及分析方法、相关与回归分析、时间数列分析到最终的统计分析报告撰写等各个环节进行整合,将其统一到一个完整的工作项目中,以一个任务带动学生完成一个完整的统计工作过程。这种项目几乎可以涵盖统计学大纲中的全部教学内容,是统计学教学的主要且首选的项目。但由于其工作量大、涉及环节多,前后知识的贯穿本身存在较大难度,加之初学者对统计学理论体系认识模糊,设计中的错误也就常常出现。综合性项目设计中一旦出现错误,基本无法实现项目的顺利推进,产生"一招出错,满盘皆输"的恶果,对学生的自信心打击较大,进而严重影响教学质量的提高,违背了项目驱动教学的初衷。

(一)选题

在综合性项目的设计过程中,选题是整个工作过程的第一个关键节点,也是首要任务。选题的优劣不仅决定着后续的工作能否顺利开展,还决定着是否可以实现项目驱动教学的预期目标,更关乎学生是否能够确立正确的统计思想。选题常用的方法主要有以下三种:

1. 教师选题

由教师拟定若干个主题,供学生从中选择。这种方法的优点在于教师凭借自身丰富的专业知识和教学经验,能够拟定出具有较高质量和可行性的项目主题,从而在一定程度上提升项目设计的质量。然而,其不足之处也较为明显,由于缺少学生的主动参与,学生在项目中往往处于被动接受的状态,不利于激发学生的主动性和创造性,因此不宜提倡。

2. 学生自选

学生基于自身的认知水平和兴趣自行拟定主题。这种方式给予了学生充分的自主空间,能够体现学生的个性和兴趣。但由于学生知识储备不足、认识问题片面,对项目的可行性论证往往不够充分,导致项目系统性不够,难以达到预期的教学效果,所以也不是一种最佳方案。

3. 师生共同选题

先由学生提出研究方向,教师对其合理性和可行性提出意见和建议,学生反复调整思路并不断对项目中可能产生的偏离及困难加深认识,对项目的可行性逐步形成论证结论。这种方法虽然较为烦琐,但由于教师和学生共同参与并经过多轮论证,能够充分发挥教师的指导作用和学生的主体作用,使选题既符合教学目标又满足学生的兴趣和能力需求,效果不言而喻。

在项目选题阶段,教师给予适当的指引和帮助是十分必要的。这项看似繁杂的工作,并非"吃力不讨好",它的好处在后续阶段的实施中会逐步得以释放。教师的指引主要应从以下几个层面着手:

(1)给学生一个蓝本　这个蓝本是项目驱动的统计教学中为学生制作的一个范例。它可以是教师以往的研究成果,这些成果往往具有较高的学术水平和实践价值,能够为学生提供专业的研究思路和方法;也可以是往届学生的优秀作品,这些作品更贴近学生的实际水平和认知能力,具有较强的借鉴意义;当然,还可以由教师专门制作。学生在完成一个大型项目的过程中,初期的参考和模仿是必然的,甚至是必需的。不必担心抄袭问题,在模仿和参考的过程中,学生完全有能力不断产生灵感,形成自己的研究思路,并最终确立自己的科学选题。

(2)给学生一份自信　学生在谈到自己的构思和研究方向时,无论多么不着边际,教师都不能打击这份热情。最佳的回答始终以"想法很好""有创意"开头,最起码也应该是"看上去(听起来)有点意思"。要知道项目驱动的教学的原始动力正是来自学生的自发能动。缺少了这份热情,再好的项目也难以驱动。当然,接下来就必须和学生一起探讨其中可能存在的疏漏和问题,共同努力调整改进。通过这种方式,既能保护学生的积极性,又能引导学生不断完善自己的选题。

(3)给学生一份书单　当学生产生选题的最初萌动时,教师要据此开出一份书单,要求学生查阅相关理论文献。通过查阅文献,学生可以对选题的背景、意义及思路有一个较为清醒的认识,对研究的重点和难点加以判别。这有助于学生站在更高的视角审视自己的选题,为后续的研究工作奠定坚实的基础。

(4)要求学生提交一份可行性报告　教师要求学生提交可行性报告,目的是让学生对选题心中有数。教师应认真阅读报告,对其中的疏漏适时指正,确保项目实施时没有障碍。可行性报告的撰写过程,也是学生对选题进行深入思考和论证的过程,能够帮助学生进一步明确研究目标和方法。

(二)研究假设

在统计学知识体系中,假设研究是一项重要内容,是本科学生必须掌握的要点,也是项目驱动教学中的关键节点。实际上,任何研究都是建立在一定的研究假设基础上的。例如,本文的研究正是做出了"项目驱动教学可以显著提升教学效果""学生对项目驱动的教学模式普遍接受"的基本假设。缺少了这样的假设,我们来探索项目驱动教学中的细枝末节似乎没有多大意义。然而遗憾的是,在项目驱动教学的设计中,往往会缺失研究假设这一要素。缺少研究假设,会产生一系列严重的后果。学生对所研究问题思路不清、方向不明,研究结果容易偏离主线,得出的结论和最初的选题貌合神离。或者在研究过程中,学生忽然不知道自己在做什么,不知道下一步该怎么做。导致这种情况出现的原因主要有两点:

1. 教师指导不足

教师没有及时给予指导,没有提出相应的要求,使得学生在研究过程中缺乏明确的方向和目标。教师作为教学的引导者,应该在项目设计阶段就向学生强调研究假设的重要性,并给予具体的指导。

2. 学生认识不足

学生初学课程,对统计工作的过程及统计的基本思想缺乏认识。由于对统计学的理论和方法理解不够深入,学生往往难以意识到研究假设在研究中的关键作用。

鉴(之)于此,教师必须要求学生事先提出研究假设。解决的办法其实并不复杂,可以引导学生回答几个问题:在你所确定的主题中,你表达的观点是什么?在这方面社会的主流观点是什么?你的调查结论可能是什么?你所使用的方法是大家公认的正确方法吗?你将从哪几个要素去开展研究,你觉得这几个要素之间存在什么关联?等等。当学生把这几个问题回答出来的时候,研究的假设实际上基本已经明朗,剩下的无非是让学生把它们提炼成一句话而已。通过这种方式,能够帮助学生逐步建立起研究假设的意识,提高学生的研究能力和思维水平。

(三)抽样设计有误,样本有偏

目前的教材中,对于随机抽样和非随机抽样的介绍,内容篇幅并无明显差异。这就导致了一个误区:由于教师认为在参数估计、假设检验及方差分析中会进一步介绍随机抽样,所以之前对于非随机抽样的讲解反而加大了篇幅。加之非随机抽样简便易行,结果给学生留下的印象似乎更为深刻,后果也就可想而知。

在项目驱动的教学过程中,抽样设计产生错误,以有偏样本推断总体的情况时有发生、屡见不鲜。例如,方案中口口声声的随机抽样,做成了街头拦截的便利抽样;言之凿凿的分层抽样,到头来抽出的是某些重点单位;或者基于省时省力,样本的容量不加计算,没有预试调查,随便拿出一个数字就开始发放问卷等等。这些做法亵渎了抽样调查的科学性,无法保证后续的数据处理和分析结果,得出的结论也没有任何科学性、精确性可言。

随机抽样是推断统计的前提,随机性是保证样本无偏的首要原则。教师在指导学生制定抽样方案时,应不厌其烦地强调相关理论知识。首先,要指导学生根据研究目的、研究对象选定合理科学的抽样方式方法。不同的研究目的和研究对象需要采用不同的抽样方法,只有选择合适的抽样方法,才能保证样本的代表性和随机性。其次,要求学生进行预试调查,根据预试调查结果,在进行效度、信度检验的基础上结合预试调查的相关数据确定必要抽样数目。预试调查可以帮助学生发现抽样方案中存在的问题,及时进行调整和改进,从而保证抽样的科学性和有效性。最后,要杜绝用有偏的样本资料进行所谓的统计推断,确保研究结果的可靠性和准确性。

(四)相关与回归分析不当,模型建立有误

相关分析对于大多数学生来讲不存在多大障碍,计算一个系数并判定现象之间的相关关系似乎是一件非常轻松的事情。但在此基础之上的回归分析似乎就不是那么简单了。回归分析建立在现象的因果关系基础之上,现象之间是否存在因果关系、孰因孰果,需要进行深入的分析判断。由于这项工作直接关系到结论的产生,所以是项目驱动的统计学教学中的一个关键节点,也是一个难点问题。

学生在数据处理流程中,很容易将兴趣转移到五花八门的统计软件中,对映现象间基本关系的研究用冰冷的数据处理软件替代是很可怕的,过分地相信数字带来的结论也不足取。对数据之间基本关系分析不够,常常会得出不当的模型和错误结论,令人啼笑皆非。例如,在一些研究中,学生仅仅根据软件输出的结果就建立回归模型,而没有对变量之间的因果关系进行深入分析,导致模型的解释力和预测能力较差。

当综合性项目推进到这一阶段时,教师不妨放慢节奏,沿着学生的思路去观察和发现其中可能存在的问题和错误。提醒学生在使用软件处理数据时,在进行主成分分析、聚类分析时、在寻找现象之间的因果关系时,必要的方法也许是应该暂时跳出数字的圈圈,进行适当的定性分析。在定性分析的基础上研究数据之间的相互关系,效果更好。定性分析可以帮助学生深入理解现象之间的内在联系,为建立合理的回归模型提供有力的支持。同时,教师还可以引导学生结合实际情况对模型进行检验和修正,提高模型的准确性和可靠性。

二、案例教学法的设计与应用

(一)统计学原理教学中案例应用的特点

1. 代表性

代表性是案例教学的核心特点之一,在统计学原理教学中具有举足轻重的地位。统计学的核心任务是针对特定的数据或事物进行深入分析与科学推测,而这一过程中样本的选取至关重要。样本作为母体的一部分,其与母体的相似程度直接影响着统计分析结

果的可靠性和有效性。当样本与母体的特征高度相似时,在数据的发展演变过程中,样本在特定时期内往往会呈现出与母体相似甚至相通的性质。例如,在研究某地区居民的消费行为时,若要通过抽样调查来推断整体居民的消费情况,就需要选取具有代表性的样本(图5-2)。如果该地区居民的收入水平、消费习惯等存在明显的分层,那么在抽样时就需要按照这些分层进行合理的比例分配,以确保样本能够准确反映整体居民的特征。通过选取具有代表性的样本,对多个样本进行细致的标注、系统的整理和深入地分析,就可以借助少数点位的数据信息,实现对整体数据的有效观察和精准分析。

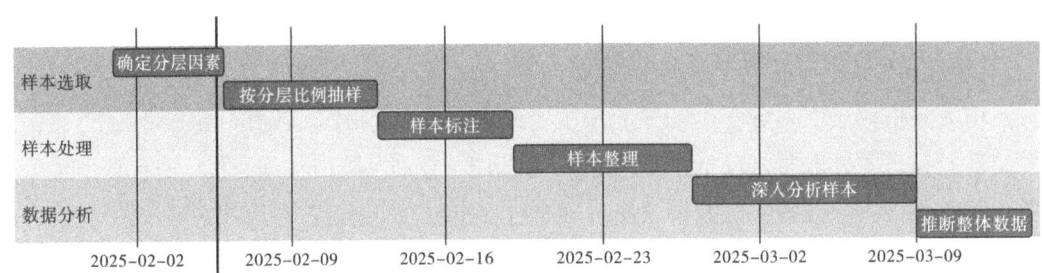

图5-2 代表性样本选取与分析

2.目的性

在统计学中,统计分析是实现研究目的的重要手段,而分析结果则是研究的最终目标。在案例教学过程中,教师在选取案例时,案例是否具有明确的目的性是需要重点考虑的因素之一。在数据的发展进程中,部分可分析数据具有明显的目的性特征,即存在一定的间歇性或段落性。以企业的销售数据为例,企业的销售业绩往往会受到季节、促销活动等因素的影响,呈现出一定的周期性变化。对于这类数据的处理,首先需要提取其中的段落数据或区域数据,例如按照季度、月份或促销活动期间进行划分。然后,运用统计学的专业技术方法,如时间序列分析、回归分析等,对这些数据进行处理和分析,以揭示数据背后的规律和趋势,最终获取具有实际意义的统计分析结果(图5-3)。

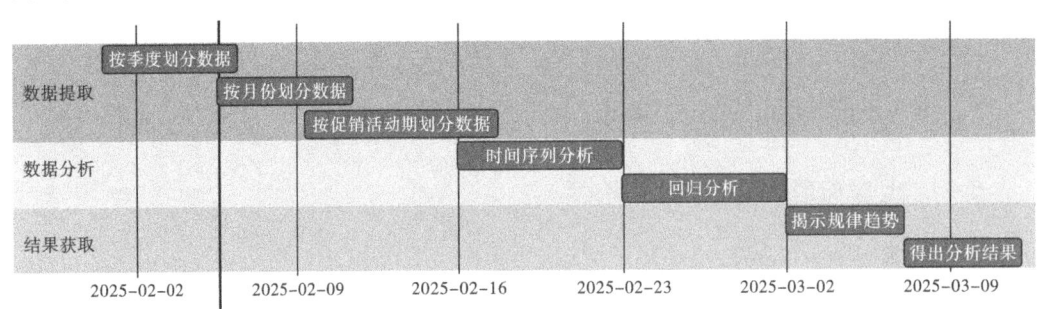

图5-3 企业销售数据统计分析

3.关联性

在数据的发展变化过程中,通常表现出两种不同的变化特点:可预估性的变化和不可预估性的变化。可预估性的变化是指数据的变化具有一定的规律和趋势,可以通过历史数据和统计模型进行预测;而不可预估性的变化则是指数据的变化受到多种随机因素的影响,难以准确预测。以天气预测为例,由于气象系统的复杂性和不确定性,未来数分钟或数小时的天气情况可以通过先进的气象监测设备和模型进行较为准确的预测和统计,但如果要预测数天乃至数月之后的天气,其准确性将大大降低。在这种情况下,案例的选取对象需要具有关联性。关联性是指当单一数据发生变化时,其他相关数据也会因存在内在联系而发生相应的变化。选取这些具有关联性的数据进行分析的方法,即为关联性数据分析。如图5-4,模拟了关联性数据分析中相关因素的时间关联,假设分析股票价格受行业板块和宏观经济环境影响。通过分析这些具有关联性的数据,可以更全面地了解股票价格的变化原因和趋势,从而取得更具参考价值的统计分析结果。

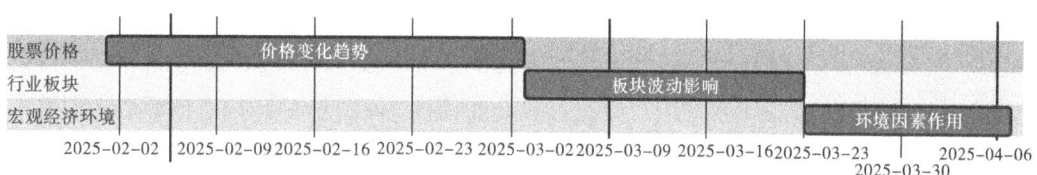

图5-4　关联性数据分析

(二)案例教学法在统计学教学中的不足

1.案例教学评价体系尚未完全建立

案例教学法要想在统计学教学中取得理想的教学效果,优质的课后评价反馈是不可或缺的重要环节。教师通过在课后及时填写详细的课堂质量评价表,能够全面、科学、准确地对学生在课堂上的表现进行评价,包括学生的参与度、对知识的掌握程度、分析问题和解决问题的能力等方面。同时,通过对学生表现的评价,还可以评估案例的适用性和科学性,为案例的改进提供依据。目前,案例教学法在统计学教学中的实际运用,有效地促进了学生将理论知识与实践相结合,拓宽了学生的思维视野,使学生的思维不再局限于课本。然而,案例教学目前仍然缺乏完善的教学评价体系。由于缺乏科学合理的评价指标和方法,教师对于学生在教学中真正收获了哪些知识、是否积极投入课堂实践活动、对所选案例的情境是否满意等信息了解甚少。

2.案例教学创新点不足

统计学教学的显著特点是紧密结合实际案例进行分析。运用案例教学法,能够充分激发学生的主观能动性,使学生在案例学习过程中更好地理解和掌握理论知识。然而,就目前的教学现状来看,案例教学在课堂中并未得到广泛、有效地运用,主要原因有以下

两点:

一是教师所选的案例过于单调。案例教学的初衷是通过生动、具体的案例,更加直观地展现理论课程知识的精髓,帮助学生更好地理解和应用知识。但如果案例形式单一、内容缺乏新意,就无法有效激发学生的学习兴趣和好奇心,导致学生无法通过案例来拓展自己的思维,难以提高学生课堂学习的积极性和主动性。

二是教师所选案例的创新性与时效性不足。具有创新性和时效性的案例,往往更加贴近学生的生活实际,能够让学生产生强烈的共鸣和认同感。当学生看到自己熟悉的案例时,会更容易投入到案例的分析和讨论中,从而最大限度地吸引学生进行思考,强化案例教学的效果。然而,部分教师在选取案例时,往往忽视了案例的创新性和时效性,导致案例内容陈旧、脱离实际,无法满足学生的学习需求和时代发展的要求。

3. 学生参与程度不高

在统计学教学过程中,实践是培养学生解决实际问题能力的重要环节。通过实践操作,学生可以将所学的理论知识应用到实际问题中,提高自己的分析问题和解决问题的能力。然而,在实际的教学实践中,教师大多仍旧占据课堂的大部分时间,留给学生自由发挥和讨论的时间极少。教师往往更注重知识的传授,而忽视了学生的主体地位和主动参与。这样一来,案例教学的优势就被极大地压制,学生无法充分参与课堂案例的讨论,也因此失去了训练自身能力和培养思维的机会。在案例教学法中,学生应该是课堂的主体,大部分的课堂时间应该让学生自由分配,让他们充分参与课堂的案例讨论。只有这样,才能真正发挥案例教学的作用,提高学生的学习效果和综合素质。

(三)优化统计学教学中的案例教学法

1. 构建统计学多元教学体系

统计学作为一门与数据处理、分析和决策紧密相关的学科,其教学目标不仅是传授理论知识,更重要的是培养学生将理论应用于实际的能力。因此,构建统计学多元教学体系,强化案例教学法中的实践教学环节具有深远意义。

案例教学法内容丰富,教师应充分利用信息时代搜索便捷的优势,依据统计学教学的目标、要求以及学生的实践需求,精准定位教学重点,精心挑选合适的教学案例。案例的选择应注重多样性,涵盖经济、社会、医学、环境等不同领域,以及描述性统计、推断性统计、回归分析等不同类型的统计问题。这样可以拓宽学生的视野,让他们了解统计学在不同场景下的应用,培养学生的跨学科思维和综合分析能力。

实用性也是案例选择的关键因素。案例应紧密结合实际生活和工作中的问题,使学生能够感受到统计学的实际价值。例如,在市场营销领域,通过分析销售数据来预测市场趋势;在医学研究中,运用统计方法评估药物疗效等。这些实际案例能够激发学生的学习兴趣,提高他们解决实际问题的能力。

启发性案例能够引导学生主动思考,培养他们的创新思维。教师可以选择一些具有挑战性的案例,让学生在分析过程中发现问题、提出假设,并通过统计方法进行验证。这种探究式学习方式有助于培养学生的独立思考能力和科学研究精神。

课堂案例教学结束后,教学反馈和总结是不可或缺的环节。教师应及时收集学生的反馈意见,了解他们对案例教学的满意度、对知识的掌握程度以及在学习过程中遇到的困难。通过问卷调查、课堂讨论、个别访谈等方式,全面了解学生的学习情况。同时,教师要对课堂教学进行深入总结,分析案例的选择是否恰当、授课方式是否有效、课堂气氛是否活跃等方面的问题。针对教学过程中存在的不足之处,提出具体的改进措施,如调整案例难度、优化教学方法、增加实践环节等。

2. 案例的多样性选择

案例的选择是案例教学法的关键环节,需要综合考虑教学情况和学生情况进行合理分类。同时,案例具有正、反两面性,教师应科学、合理地安排正、反面案例的教学。

正面案例通常展示了成功的统计分析经验和方法,能够让学生学习到正确的统计分析思路和技巧。例如,在企业管理中,通过对销售数据的分析,成功预测市场需求,制定合理的生产计划,从而提高企业的经济效益。这类案例可以让学生了解如何运用统计学方法解决实际问题,掌握正确的分析步骤和方法。

反面案例则可以让学生了解在统计分析过程中可能出现的错误和问题,以及如何避免这些错误。例如,在抽样调查中,由于样本选择不当导致结果偏差;在数据分析过程中,对数据的解读错误等。通过分析反面案例,学生可以更加深刻地理解统计学的原理和方法,提高他们的批判性思维能力。

正、反面案例相结合的教学方式能够锻炼学生在不同实际情况下的解决问题能力。在面对复杂的实际问题时,学生可以从正反两个方面进行思考,全面分析问题的本质,选择合适的统计方法进行解决。同时,这种教学方式还能够培养学生的创新思维,让他们在分析案例的过程中,提出新的观点和方法。

在一个班级中,学生的学习能力、兴趣爱好和知识基础存在一定的差异。教师应根据不同小组学生的优势和不足,设计个性化的教学案例。对于学习能力较强的学生,可以提供一些具有挑战性的案例,让他们在分析过程中发挥自己的优势,培养创新能力;对于学习能力较弱的学生,可以选择一些基础的案例,帮助他们巩固所学知识,提高学习信心。多样性的案例能够使学生在案例讨论中充分发挥自己的优势,提高学习统计学的效率。同时,学生也能通过案例讨论发现自己的不足,有针对性地通过案例训练来提高自己的学习能力。

3. 案例素材库的建立

案例作为案例教学法的核心,其质量和适用性直接影响教学效果。教师应根据教学目标、教学进度和学生情况,编制具有代表性的案例。而案例素材库的质量,则决定了教学质量和教学水平。

建立案例素材库时,参考具有丰富教学实践经验的单位是一种有效的方法。职业学校等教学单位更加注重实践教学,在教学过程中积累了许多具有借鉴意义的案例。这些案例通常与实际工作紧密结合,具有较强的实用性和针对性。通过学习这些案例,教师可以丰富自己的案例素材库,使案例更加贴近实际生活,提高学生的学习兴趣和学习效果。

统计学是一门注重实践的学科,实践调查是获取案例的重要途径。教师可以带领学生进行校外或校内的实践调查,如市场调研、社会调查等。通过整理实践调查中具有教学意义的经典案例,经过适当的改编后纳入案例素材库。这些案例来源于实际生活,能够让学生更好地理解和应用统计学知识。例如,在市场调研中,学生可以通过收集和分析消费者的购买行为数据,了解市场需求和竞争状况,从而运用统计学方法进行市场预测和营销策略制定。

随着社会的不断发展,学生的思想和需求也在不断变化。案例素材库应根据学生的思想和需求进行相应的调整和更新,符合学生的思维方式和认知水平。对于统计学而言,实时更新的案例素材库能够提高学生主动学习的兴趣,让他们感受到统计学的时代性和实用性。同时,更新案例素材库还可以更好地将理论知识融入实践,提高学生解决实际问题的能力。例如,随着大数据技术的发展,教师可以引入一些大数据分析的案例,让学生了解如何运用统计学方法处理和分析海量数据。

4. 积极的案例讨论

案例教学法能够激发学生学习的主动性,提升学生在课堂中的主体地位。然而,为了达到教学的预期效果,积极的案例讨论是必不可少的环节。案例教学并非让学生被动接受知识,而是鼓励学生和教师在课堂上主动进行讨论。

在案例讨论过程中,学生应灵活运用统计学知识,对不同案例进行深入分析和讨论。由于每个学生的知识背景、思维方式和生活经验不同,他们可能会从不同的角度看待问题,提出不同的观点和解决方案。这种多元化的思考方式能够拓宽学生的视野,培养他们的创新思维和团队合作精神。

教师在案例讨论中起着引导作用。当学生对案例有疑问或无法有效地运用所学知识时,教师要及时加以引导,帮助学生理清思路,激发学生的讨论动力。教师可以通过提问、提示、总结等方式,引导学生深入思考问题,提高讨论的质量。例如,当学生在分析案例时遇到困难,教师可以提出一些启发性的问题,引导学生从不同的角度思考问题;当学生的讨论偏离主题时,教师要及时进行纠正,确保讨论的方向正确。

5. 统计分析软件的应用

在案例分析中,当处理大数据时,统计分析软件的应用是必不可少的。随着信息技术的飞速发展,数据量呈现出爆炸式增长,单纯依靠手工计算和分析已经无法满足实际需求。专业的统计分析软件能够有效地对大数据进行快速、准确的统计分析,从而更方便快捷地进行统计预测。

统计分析软件具有强大的数据处理和分析功能,可以对海量数据进行清洗、整理、分析和可视化展示。如描述性统计、相关性分析、回归分析、聚类分析等。通过使用这些软件,学生可以更加高效地完成数据分析任务,提高分析结果的准确性和可靠性。

在处理数据时,单纯的数字往往比较烦琐,学生可能无法快速找出其中的规律和特征。通过分析软件进行数据处理,杂乱无章的数据可以转换成直观易懂的图形,如柱状图、折线图、饼图等。这些图形能够清晰地展示数据的分布和变化趋势,让学生更快地对数据进行理解和分析。例如,通过绘制柱状图可以直观地比较不同组数据的大小;通过绘制折线图可以观察数据的变化趋势。

在当今大数据时代,统计分析软件的使用已经成为统计学专业学生必备的技能之一。通过引入大数据案例,教授学生如何正确、高效地使用统计分析软件,既可以提高学生的学习效率,节省大量的时间和精力,还可以留出更多的时间让学生进行深入思考和分析,培养学生的数据分析能力和创新能力。例如,在分析电商平台的销售数据时,学生可以使用统计分析软件对海量的交易数据进行挖掘和分析,发现潜在的商业机会和市场趋势。

第三节 计算机辅助教学与统计软件的整合应用

一、计算机辅助教学的优势与应用模式

计算机辅助教学(CAI)指的是借助计算机及其相关技术工具来辅助传统教学过程的一种教学方式。与传统教学相比,计算机辅助教学具有诸多优势,它不仅能提升教学效果,还能增强学生的学习兴趣和学习效果,特别是在统计学教学中,计算机辅助教学能够帮助学生更好地理解复杂的统计学理论并将其应用到实际数据中。

(一)计算机辅助教学的优势

1. 增强学习互动性

在传统教学模式中,师生之间以及学生之间的互动存在显著的局限性,这些限制主要源于课堂时间的有限性和空间的固定性。在课堂时间方面,每节课的时长是既定的,教师需要在有限的时间内完成教学内容的讲解,留给互动交流的时间相对较少。而且,在有限的互动时间里,往往只有少数积极主动的学生能够参与其中,大部分学生缺乏足够的机会表达自己的想法和疑问。从空间角度来看,传统教学通常局限于教室这一特定

场所,一旦离开教室,互动交流便难以继续。

计算机辅助教学的出现,为打破这些限制提供了有效的解决方案。以在线问答系统为例,它构建了一个跨越时空的交流平台。在传统教学中,学生遇到问题时,若未能及时在课堂上提出,就只能等待下一次与教师见面的机会,这期间问题可能会越积越多,影响后续知识的学习。而在线问答系统允许学生在学习过程中的任何时刻,只要遇到疑问,就可以立即通过网络提交问题。教师或同学可以在看到问题后迅速给予回应,这种即时性的交流能够让学生的困惑得到及时解决。例如,在学习高等数学中的复杂积分问题时,学生在课后自主学习过程中遇到困难,通过在线问答系统提出问题,可能在几分钟内就会收到教师详细的解答和指导,从而避免了因问题积累而导致的学习障碍,保持了学习的连贯性。

即时反馈系统也是计算机辅助教学增强互动性的关键工具。在传统教学中,学生完成作业、测验或练习后,往往需要等待较长时间才能得到教师的批改和反馈,这使得学生难以及时了解自己的学习情况。而计算机辅助教学中的即时反馈系统能够在学生提交答案后瞬间给出结果。系统不仅会告知学生答案的正确与否,还会提供详细的解析。以英语语法练习为例,当学生完成一道语法选择题后,系统会立即显示答案是否正确,并解释为什么选择这个答案,涉及哪些语法规则,以及其他选项错误的原因。这种详细的反馈能够帮助学生深入理解知识点,及时调整学习策略。如果学生发现自己在某一类语法问题上频繁出错,就可以有针对性地加强这方面的学习。

小组讨论为学生提供了合作学习的有效途径。在传统教学中,小组讨论通常只能在课堂上进行,且受到时间和空间的限制,讨论的深度和广度往往不够。计算机辅助教学中的在线小组讨论打破了这些限制。学生可以通过网络平台加入小组讨论,分享彼此的观点和想法。例如,在学习历史课程时,学生可以围绕某个历史事件展开讨论,分享自己的研究成果和见解。不同的学生可能从不同的角度看待问题,通过交流和讨论,能够拓宽彼此的视野,加深对历史事件的理解。这种互动不仅局限于课堂时间,学生可以在课外的任何时间、任何地点,只要有网络连接,就能够参与到讨论中来。这增加了学习的灵活性和连续性,营造了一个持续学习的良好氛围,使学生在不断地交流和互动中提升自己的学习能力和综合素质。

2. 自适应学习

智能化的学习平台是计算机辅助教学实现自适应学习的核心支撑。这些平台集成了先进的算法和数据分析技术,能够对学生的学习行为和数据进行深入分析。通过收集学生的学习进度、答题正确率、学习时间等多方面的数据,平台可以全面了解每名学生的学习情况。

在传统教学中,由于教学资源和精力的限制,教师往往只能采用统一的教学进度和内容。这种"一刀切"的教学方式无法满足每个学生的个性化需求。每个学生的学习能力、学习速度和兴趣爱好都是不同的。有些学生对某些知识点理解能力较强,学习速度较快;而有些学生则可能需要更多的时间和练习来掌握相同的知识点。例如,在学习编程语言时,部分学生可能很快就能理解编程的基本概念和语法规则,并能够独立完成一些简单的程序编写;而另一些学生可能需要更多的实例讲解和练习才能掌握这些内容。

自适应学习机制则能够根据学生的实际情况进行精准调整。当学生在某个知识点上表现出较强的理解能力和学习速度时,学习平台会自动识别这一情况,并推送更具挑战性的内容。以数学学科为例,如果学生在函数这一知识点的测试中表现出色,平台会为其提供更高级的函数应用问题或竞赛级别的题目,以满足学生的学习需求,避免学生因学习内容过于简单而感到枯燥,激发学生的学习动力和探索欲望。相反,如果学生在某个知识点上遇到困难,学习平台会通过数据分析发现这一问题,并放慢学习进度。平台会提供更多的辅导材料,如详细的知识点讲解视频、额外的练习题等,帮助学生巩固基础,确保学生能够掌握该知识点。例如,当学生在物理学科的力学部分遇到困难时,平台会为其提供更多的力学实验视频、受力分析的详细步骤讲解,以及针对力学知识点的专项练习,帮助学生逐步克服困难。

3. 即时反馈与评估

传统教学中,教师了解学生的学习情况主要通过定期的考试和作业批改,这种方式存在一定的滞后性,无法及时反映学生的学习动态。计算机辅助教学中的在线平台能够实时记录学生的学习行为。

在线平台记录的学生学习行为数据丰富多样,包括作业完成情况、测验成绩、学习时间等。教师可以通过这些数据全面了解每个学生的学习进度和掌握程度。例如,教师可以查看学生完成作业的时间和正确率,了解学生对知识点的掌握速度和熟练程度。如果某个学生在某一次作业中错误率较高,教师可以进一步查看学生的答题情况,分析是哪些知识点存在问题。同时,教师还可以通过学生的学习时间数据,了解学生的学习习惯和努力程度。如果某个学生在某一时间段内学习时间明显减少,教师可以及时与学生沟通,了解是否遇到了困难。

根据学生的实际情况,教师可以适时调整教学策略和内容。如果发现大部分学生在某个知识点上掌握情况不佳,教师可以重新讲解该知识点,或者增加相关的练习和辅导。如果个别学生存在特殊的学习问题,教师可以为其提供个性化的指导。例如,在英语教学中,如果发现学生在听力理解方面存在普遍困难,教师可以增加听力训练的内容和时间,采用不同的听力材料和训练方法,帮助学生提高听力水平。对于个别英语基础较差的学生,教师可以为其制定专门的学习计划,提供更多的基础知识辅导。

对于学生而言,参与在线测试和模拟演练能够及时发现自己的知识盲点。在线测试具有即时反馈的功能,学生提交答案后,系统会立即给出成绩和详细的解析。以化学学科的在线测试为例,学生完成一套化学试卷后,系统会迅速给出分数,并对每一道题进行详细地分析，包括知识点的考查、解题思路和方法等。学生可以通过分析自己的错题，找出自己在知识掌握上的不足之处。如果学生在化学实验操作的选择题上出错较多，就可以知道自己在这方面的知识存在漏洞，及时进行针对性地学习和复习。

模拟演练则为学生提供了一个实践的机会，让他们在虚拟环境中应用所学知识，提高解决实际问题的能力。在一些专业课程的学习中，如医学、工程学等，模拟演练具有重要的作用。例如，医学专业的学生可以通过虚拟手术模拟演练，熟悉手术流程和操作技巧，提高自己的临床实践能力。在演练过程中，学生可以遇到各种不同的情况和问题，并尝试运用所学知识进行解决。通过不断地模拟演练，学生能够积累实践经验，提高应对实际问题的能力。通过即时反馈与评估，学生能够更加明确自己的学习方向，有针对性地进行学习，从而提高学习效率。

（二）计算机辅助教学的应用模式

1. 线上学习平台

线上学习平台已经成为现代教育的重要组成部分，特别是在统计学教学中，这些平台的应用提供了全新的教学体验。像中国大学 MOOC（慕课）、学堂在线、网易云课堂等平台通过互联网将课程内容、学习材料和评估机制数字化，为学生提供随时随地学习的机会。

（1）教学资源随时可得　线上学习平台为学生提供了课程视频、讲义、习题、阅读材料等多种学习资源。统计学的复杂性和抽象性使得传统的课堂讲解无法覆盖所有细节，而通过这些平台，学生可以反复观看教学视频，确保充分理解统计学的核心概念，如回归分析、假设检验、数据清洗等。此外，讲义和习题还提供了系统的补充材料，帮助学生巩固课堂内容。

（2）互动与实时反馈　平台中的互动功能，例如在线测验、实时问答和讨论论坛等，极大增强了学生与教师、学生与学生之间的互动。这些互动不仅帮助学生实时反馈学习状态，也能帮助教师及时调整教学内容和进度。统计学课堂上，教师可以通过布置在线测验来检查学生对统计学模型、方法和计算的掌握情况。通过测验的答题结果，教师可以及时了解哪些知识点是学生的薄弱环节，并有针对性地进行讲解。

（3）个性化学习路径　在线平台能够为每个学生量身定制学习计划和进度，尤其是对于统计学这种内容庞杂、知识点多样的学科，个性化学习路径的设计非常重要。平台可以根据学生的学习成绩和学习习惯推荐适合的学习资源，帮助学生根据自己的需要选择进阶课程或复习内容，提升学习效率。

（4）教师与学生的协作和支持　在线平台不仅方便学生自学，也为教师提供了丰富的教学工具。教师可以发布教学视频、课后作业、讨论话题、案例分析等，同时，通过平台的统计功能，教师能够跟踪学生的学习进度和成果，及时给出反馈。教师还可以通过平台组织虚拟辅导和讨论课程,为学生答疑解惑。

2. 虚拟实验室

在统计学教学中,虚拟实验室作为一种创新的教学模式,能够弥补传统实验室在设备、场地和时间等方面的限制,尤其在数据分析课程中具有极大的优势。虚拟实验室为学生提供了一个仿真数据分析环境,学生可以在此进行数据采集、清洗、分析、建模等各种操作,模拟实际的统计分析过程。

(1)提供仿真环境 虚拟实验室为学生提供了一个可操作、互动的教学环境。学生无需亲自进行复杂的实验操作,也不需要昂贵的硬件设备,依赖于网络连接就可以进行统计分析。无论是数据集的处理,还是对统计学工具的运用,虚拟实验室都能提供一个便捷的平台。统计学课程中的重要分析方法,如回归分析、方差分析、假设检验等,学生都能在虚拟实验室中进行操作和实验,巩固理论知识。

(2)无时空限制 传统统计学实验室通常受到时间和空间的限制,学生只能在特定的时间段进入实验室进行实验,且实验内容有限。虚拟实验室的最大优势在于,学生可以随时随地通过计算机、手机等设备访问实验室进行实验,不受传统实验室限制。无论是课前预习,还是课后复习,学生都能利用空闲时间进行操作,达到更好地学习效果。

(3)丰富的资源与操作模板 虚拟实验室提供了丰富的统计数据集,学生可以从中选择合适的数据进行分析,练习使用统计软件(如 R、SPSS、Python 等)。此外,虚拟实验室还为学生提供了实验模板,帮助学生在具体任务中循序渐进地学习如何应用统计学方法,了解每一步操作的意义和结果。

(4)即时反馈与结果展示 虚拟实验室能够实时反馈学生的操作结果,学生可以通过实验中的数据分析,立即看到统计模型和方法应用的效果。教师也可以在实验过程中提供实时指导,帮助学生解决实验过程中出现的问题。通过虚拟实验室,学生能够更清晰地理解统计分析的每个步骤及其对数据的影响,进而提升操作技能和理解能力。

3. 移动学习

移动学习作为现代教育的重要组成部分,通过智能手机、平板电脑等移动设备为学生提供了更加灵活的学习方式。尤其是在统计学这样需要反复练习和持续学习的学科中,移动学习让学生能够在碎片化的时间中进行学习,帮助他们随时巩固和应用所学的统计学知识。

(1)随时随地学习 移动学习最大特点就是便捷性,学生无需固定在课堂或实验室内,通过智能手机或平板电脑便可随时随地获取学习内容。学生可以在上班途中、排队等待或休息时观看教学视频、浏览讲义,甚至参与在线讨论和做小测试,最大化利用碎片化时间。

(2)视频与交互式学习 移动学习平台通常提供视频学习内容,学生可以随时观看课程讲解视频,直观地了解统计学原理和应用。视频中的讲解内容结合实际数据案例,帮助学生通过多媒体学习,更好地理解统计学的概念。交互式学习功能,如互动问答、投票、评论等,使得学习过程更加有趣并能增强学生的参与感和互动性。

(3)增强学习的自主性和个性化　移动学习的另一个优势是能够提供个性化学习路径,学生可以根据自己的兴趣和需求选择学习内容,设定学习进度。这种灵活性和自主性对于统计学这种需要大量练习和积累的学科尤其重要,能够帮助学生在自己的节奏下掌握数据分析技能。

(4)即时反馈和评估　移动学习平台通常提供即时反馈功能,学生可以通过答题、练习等方式实时检查自己的学习进度,评估自己对统计学方法的掌握情况。通过这些即时反馈,学生可以及时发现自己的不足,并通过不断练习和修正提升学习效果。

二、统计软件的教学集成与创新应用

(一)统计软件的教学集成

1. 软件教学一体化

从教学流程来看,教师通常会将理论知识的传授与统计分析方法的讲解分割开来。在课堂上,教师主要以讲授抽象的统计学理论概念为主,例如概率论中的各种定理、数理统计中的抽样分布等内容。学生在这个过程中处于被动接受知识的状态,他们只是机械地记录教师所讲的内容,缺乏对知识的主动探索和实践操作。

当课程进入到统计软件练习阶段时,往往已经是在理论知识讲授完毕之后。此时,学生需要在课后自行使用统计软件进行操作练习。然而,由于时间间隔以及理论与实践的脱节,学生很难将之前所学的抽象理论知识与实际的软件操作建立起有效的联系。他们可能只是按照教材或教师提供的步骤进行机械性地操作,而不明白每一步操作背后所蕴含的统计学原理。例如,在进行方差分析时,学生可能只是知道如何在软件中输入数据并点击相应的按钮得到结果,但对于为什么要进行方差分析、方差分析的假设条件以及结果的实际意义等问题却缺乏深入的理解。统计软件教学集成模式则带来了根本性的变革。在这种模式下,教师在教授统计理论的同时,会同步引导学生在课堂上使用相关的统计软件进行实时的分析和计算。以概率论中的正态分布为例,正态分布是统计学中非常重要的一种概率分布,它在自然科学、社会科学以及工程技术等众多领域都有着广泛的应用。教师在讲解正态分布的概率密度函数、均值和方差等理论知识时,会立即让学生使用统计软件(如 R 语言、Python 等)来绘制正态分布曲线。

在使用软件绘制曲线的过程中,学生需要输入相应的代码,明确概率密度函数的表达式以及均值和方差的取值。通过改变均值和方差的参数,学生可以直观地观察到正态分布曲线的变化情况。当均值发生改变时,曲线会在坐标轴上左右平移;当方差发生改变时,曲线的形状会变得更加陡峭或平缓。这种直观的观察让学生能够深刻理解均值和方差这两个参数对正态分布形态的影响,从而强化他们对正态分布这一重要统计概念的理解。这种教学模式打破了传统教学中理论与实践之间的隔阂,使学生在学习过程中能够及时将所学的理论知识应用到实际操作中。在课堂上,学生一边听教师讲解理论知识,一边通过软件操作来验证和深化这些知识。例如,在学习假设检验时,教师在讲解完假设检验的基本原理和步骤后,学生可以立即使用统计软件对给定的数据进行假设检验操作。在操作过程中,学生需要根据理论知识选择合适的检验方法、确定检验的显著性水平等。

2. 实用工具与统计软件的结合

在当今的统计分析领域,R、SPSS、SAS 和 Python 等统计软件凭借其各自独特的优势和适用场景,被广泛应用于各个行业和研究领域。这些软件在功能特点、操作难度、适用范围等方面存在着一定的差异。

R 语言是一种开源的统计编程语言,它拥有丰富的统计分析包和强大的编程功能。这些统计分析包涵盖了从基础的描述性统计到复杂的机器学习算法等各个方面,为统计分析提供了极大的便利。SPSS 则以其简单易用的界面和丰富的统计分析功能而受到广大用户的喜爱,尤其适合初学者和非专业统计人员使用。SAS 是一款专业的统计分析软件,具有强大的数据处理和分析能力,在企业和科研机构中得到了广泛的应用。Python 作为一种通用的编程语言,近年来在数据科学和统计分析领域也越来越受欢迎。它拥有众多的数据处理和分析库,如 NumPy、Pandas、Scikit-learn 等,能够满足不同层次的统计分析需求。

在教学过程中,教师需要根据不同的教学需求,精心选择合适的统计工具,并将其与课程内容进行有机集成。以回归分析这一重要的统计方法为例,回归分析是研究变量之间因果关系的一种重要方法,在经济学、社会学、生物学等众多领域都有着广泛的应用。R 语言是进行回归分析教学的一个非常理想的工具。

R 语言具有丰富的统计分析包,如"stats"包中包含了各种回归分析函数。教师在课堂上可以使用 R 语言进行详细的演示。首先,教师会引导学生编写代码来读取和处理数据。在实际的统计分析中,数据往往存在着各种问题,如缺失值、异常值等。因此,对数据进行预处理是非常重要的一步。教师会向学生介绍如何使用 R 语言中的函数对数据进行缺失值处理,例如使用"na.omit()"函数删除含有缺失值的观测值,或者使用"mice()"函数进行多重插补。同时,教师还会讲解如何进行异常点检测,如使用箱线图、Z 分数等方法。

在完成数据处理后,教师会展示如何使用 R 语言中的回归函数进行回归建模。回归分析包括线性回归、非线性回归等不同类型的模型。对于线性回归,教师会使用"lm()"函数进行建模,并向学生讲解如何解读回归结果,如回归系数的含义、显著性检验等。对于非线性回归,教师会介绍如何使用"nls( )"函数进行建模,并引导学生选择合适的非线性回归模型。

学生在亲自编写代码的过程中,需要深入理解回归分析的原理和步骤。他们需要根据数据的特点选择合适的回归模型,例如当数据呈现出线性关系时,选择线性回归模型;当数据呈现出非线性关系时,选择非线性回归模型。同时,学生还需要学会如何对模型进行评估和优化。教师会向学生介绍常用的模型评估指标,如决定系数(R2)、均方误差(MSE)等,并引导学生通过调整模型参数、添加或删除变量等方法来优化模型。通过这种方式,学生不仅掌握了回归分析的理论知识,还具备了使用统计软件解决实际问题的能力。

3. 项目驱动与软件应用相结合

在传统的教学模式中,学生往往只是被动地学习理论知识,缺乏将知识应用到实际项目中的机会。而项目驱动教学模式则打破了这种局限,让学生在实际项目中学习和成长。在这种教学模式下,学生不仅要学习如何使用统计软件,更重要的是要将统计软件应用到实际项目中。教师可以根据行业实际案例设计具有挑战性的项目。以金融领域为例,金融市场的复杂性和不确定性使得股票价格预测成为一个极具挑战性的问题。教师可以设计一个关于股票价格预测的项目,让学生通过实际操作来解决这个问题。

学生在完成项目的过程中,需要经历多个阶段。首先,学生需要运用统计软件进行数据清洗。在金融领域,股票数据往往包含大量的噪声和错误信息,如数据缺失、数据重复、异常波动等。这些问题会影响到后续的数据分析和建模结果的准确性。因此,数据清洗是非常重要的一步。学生可以使用统计软件(如 Python 中的 Pandas 库)对股票数据进行处理。例如,使用"dropna( )"函数删除含有缺失值的行,使用"duplicated( )"函数检测并删除重复的数据。同时,学生还需要对异常数据进行处理,如使用统计方法识别异常值并进行修正或删除。在完成数据清洗后,学生需要使用统计软件进行数据分析和建模。股票价格的变化受到多种因素的影响,如宏观经济指标、公司财务状况、市场情绪等。学生需要选择合适的统计方法和模型对这些因素进行分析,并对股票价格进行预测。常用的统计方法包括时间序列分析、机器学习算法等。对于时间序列分析,学生可以使用 Python 中的"statsmodels"库进行建模,如 ARIMA 模型、SARIMA 模型等。对于机器学习算法,学生可以使用 Scikit-learn 库中的各种算法,如线性回归、决策树、支持向量机等。在选择模型时,学生需要根据数据的特点和问题的需求进行综合考虑。例如,如果数据具有明显的季节性和趋势性,那么时间序列分析模型可能更适合;如果数据的特征比较复杂,那么机器学习算法可能更有优势。在建模过程中,学生需要对模型进行训练和验证,通过调整模型参数来提高模型的预测准确性。最后,学生需要使用统计软件将分析结果进行可视化展示,撰写详细的项目报告。可视化展示可以帮助学生更直观地理解分析结果,同时也便于向他人传达自己的研究成果。学生可以使用 Python 中的 Matplotlib、Seaborn 等库绘制各种图表,如折线图、柱状图、散点图等。在撰写项目报告时,学生需要详细描述项目的背景、目的、方法、结果和结论等内容,同时还需要对模型的优缺点进行分析,并提出改进的建议。

(二)统计软件的创新应用

1. 大数据分析工具的应用

在当今数字化时代,信息技术呈现出爆炸式的发展态势,大数据时代已然全面来临。大数据以其海量性、多样性、高速性和价值密度低等显著特征,深刻地改变了各个领域的研究和实践模式。在这样的时代背景下,统计学教学面临着新的挑战和机遇,必须紧跟时代步伐,积极适应大数据技术带来的巨大变化。

传统的统计软件在处理小规模、结构化数据时表现出色,但面对大数据环境下的海量、复杂且多源的数据时,其处理能力和效率往往显得捉襟见肘。因此,学生除了熟练掌握传统统计软件之外,还迫切需要学习如何运用大数据分析工具,如 Hadoop、Spark 等。

Hadoop 是一个开源的分布式计算平台,它由分布式文件系统(HDFS)、MapReduce 编程模型和 YARN 资源管理器等核心组件构成。HDFS 能够将海量数据分散存储在多个节点上,实现数据的高可靠性和高扩展性;MapReduce 则允许用户编写并行计算程序,将大规模数据处理任务分解为多个小任务,在集群中并行执行,从而大大提高了数据处理的效率。Spark 是一个快速通用的集群计算系统,它基于内存计算,具有比 Hadoop 更高的处理速度,并且提供了丰富的高级分析库,如 Spark SQL、Spark MLlib 等,方便用户进行数据查询、机器学习等操作。

在统计学课程中,教师可以通过精心设计的实际案例分析,指导学生使用这些工具进行大数据处理和分析。以电商领域为例,电商平台每天都会产生海量的交易记录,这些数据包含了丰富的信息,如商品销售情况、用户购买行为等。教师可以提供一份包含数百万条交易记录的数据集,让学生使用 Hadoop 和 Spark 进行数据处理和分析。

学生首先需要学习如何使用 Hadoop 的分布式文件系统(HDFS)来存储和管理数据。他们要了解 HDFS 的架构和工作原理,掌握如何将本地数据上传到 HDFS 中,以及如何对 HDFS 中的数据进行读写操作。在上传数据时,学生需要考虑数据的分区和副本策略,以确保数据的可靠性和读写性能。例如,为了提高数据的读取速度,可以将数据按照一定的规则进行分区,存储在不同的节点上。

接下来,学生需要使用 MapReduce 编程模型进行数据的并行处理。MapReduce 包括 Map 阶段和 Reduce 阶段,在 Map 阶段,学生需要编写代码将输入数据进行分割和转换,生成中间键值对;在 Reduce 阶段,学生需要编写代码对中间键值对进行聚合和统计。例如,学生可以编写 MapReduce 程序来统计每个商品的销售数量、销售额等信息。在编写

MapReduce 程序时,学生需要考虑数据的分布和处理逻辑,以确保程序的正确性和高效性。

同时,学生还需要掌握 Spark 的快速数据处理框架。Spark 提供了丰富的 API,支持 Scala、Java、Python 等多种编程语言。学生可以使用 Spark SQL 进行数据查询和分析,Spark SQL 允许用户使用 SQL 语句对数据进行查询和处理,同时还支持与 Hive、HBase 等数据存储系统的集成。例如,学生可以使用 Spark SQL 对电商交易数据进行复杂的查询,如查询某个时间段内销售额最高的商品、某个地区的用户购买偏好等。通过这样的案例教学,学生能够深入了解如何在大数据环境中进行统计分析,掌握大数据分析的基本方法和技术,为未来从事相关领域的工作打下坚实的基础。

2. 数据可视化与交互式分析

数据可视化已经成为统计学教学中不可或缺的重要组成部分。在统计学研究中,数据往往以大量的数字和表格形式呈现,这些数据蕴含着丰富的信息,但对于大多数人来说,直接从这些数字和表格中提取有价值的信息是非常困难的。通过数据可视化,能够将抽象的数据转化为直观的图形和图表,使学生更轻松地理解数据的分布、趋势和关联。

教师可以充分利用统计软件的可视化功能,如 R 中的 ggplot2、Python 中的 Matplotlib、Seaborn 等,帮助学生进行数据可视化和交互式分析。以 ggplot2 为例,它是 R 语言中一个强大的可视化包,基于图形语法理论构建,具有丰富的图形类型和灵活的绘图语法。ggplot2 的核心思想是将图形的各个组成部分(如数据、几何对象、美学映射、统计变换等)进行分离和组合,用户可以根据自己的需求灵活地构建各种复杂的图形。教师可以引导学生使用 ggplot2 绘制各种类型的图形,如散点图、折线图、柱状图等。

在绘制散点图时,学生可以通过美学映射将数据的不同变量映射到图形的不同属性上,如颜色、形状、大小等。例如,在分析学生的成绩数据时,学生可以将学生的数学成绩和语文成绩分别作为散点图的 x 轴和 y 轴,将学生的性别用不同的颜色表示,将学生的总分用点的大小表示。通过这样的可视化方式,学生可以直观地观察到不同性别学生在数学和语文成绩上的分布情况,以及成绩与总分之间的关系。

在绘制折线图时,学生可以使用 ggplot2 的统计变换功能对数据进行平滑处理,以更好地展示数据的趋势。例如,在分析股票价格的时间序列数据时,学生可以使用 loess 平滑方法对数据进行处理,绘制出平滑的折线图,从而更清晰地观察到股票价格的长期趋势。

同时,教师还可以引入动态可视化的概念,让学生使用 Shiny 等工具创建交互式的可视化应用。Shiny 是 R 语言中的一个 Web 应用框架,它允许用户使用 R 代码创建交互式的 Web 应用。学生可以创建一个交互式的散点图应用,用户可以通过拖动滑块、选择不同的变量等方式,实时观察数据的变化和关联。例如,在上述学生成绩数据的可视化应用中,用户可以通过拖动滑块选择不同的成绩区间,查看该区间内学生的成绩分布情况;用户还可以选择不同的变量进行对比,如查看不同班级学生的成绩差异。通过这种动态可视化和交互式分析的方式,学生能够更加深入地理解统计分析的结果,提高他们的数据分析能力和决策能力。在实际操作过程中,学生不仅要掌握可视化工具的使用方法,还要深入理解数据背后的统计学原理,以便能够准确地解读可视化结果,为决策提供有力的支持。

3. 机器学习与人工智能的融合应用

在当今的科技领域,机器学习和人工智能技术被广泛应用于各个行业,如金融、医疗、交通等。这些技术的应用不仅改变了传统的业务模式,也为统计学的发展带来了新的机遇和挑战。

第一,在统计学教学中,教师有必要引入机器学习算法,如回归、分类、聚类等,指导学生使用 R、Python 等软件工具应用这些算法解决实际问题。以医疗数据分析为例,医疗领域积累了大量的患者病历数据,这些数据包含了患者的症状、检查结果、诊断信息等丰富的内容。

第二,学生可以通过 Python 编写机器学习代码,应用分类算法对患者的疾病进行诊断。首先,学生需要收集和整理患者的病历数据,这是一个复杂而重要的过程。在收集数据时,学生需要确保数据的准确性和完整性,同时要对数据进行清洗和预处理,去除噪声数据和缺失值。例如,对于某些患者的检查结果数据,如果存在缺失值,学生可以使用均值、中位数等方法进行填充,或者使用机器学习算法进行预测填充。

第三,学生使用 Python 中的机器学习库,如 Scikit-learn,选择合适的分类算法,如决策树、支持向量机等,对数据进行训练和建模。决策树是一种基于树结构进行决策的算法,它通过对数据的特征进行划分,构建出一棵决策树,每个内部节点表示一个特征上的测试,每个分支表示一个测试输出,每个叶节点表示一个类别。支持向量机则是一种通过寻找最优超平面来进行分类的算法,它能够在高维空间中找到一个最优的分类超平面,将不同类别的数据分开。

第四,在选择算法时,学生需要根据数据的特点和问题的需求进行综合考虑。例如,如果数据的特征维度较高,支持向量机可能是一个更好的选择;如果数据的特征之间存在复杂的非线性关系,决策树可能更适合。在训练模型时,学生需要将数据集划分为训练集和测试集,使用训练集对模型进行训练,使用测试集对模型进行评估。通过不断调整模型的参数,如决策树的深度、支持向量机的核函数等,来提高模型的准确性和泛化能力。

第五,学生使用训练好的模型对新的患者数据进行预测,判断患者是否患有某种疾病。在预测过程中,学生需要将新的患者数据进行预处理,使其与训练数据具有相同的格式和特征。然后,将预处理后的数据输入到训练好的模型中,得到预测结果。通过这样的实践项目,学生能够深入理解机器学习算法的原理和应用,掌握使用统计软件进行机器学习和人工智能分析的方法,为他们未来的职业发展打下坚实的基础。同时,这种跨学科的教学方式也有助于培养学生的创新思维和综合应用能力,使他们能够更好地适应未来科技发展的需求。

第六章

大数据分析工具与统计学教学实践的结合

第一节 数据分析工具的选择与应用

一、数据分析工具选择的关键考量因素

在当今信息爆炸的时代,数据分析工具层出不穷,对于教育工作者和学习者而言,选择合适的工具至关重要。这不仅关系到教学效果和学习体验,还会影响到学生未来在实际工作中的应用能力。

(一)易用性

在数据分析学习的初始阶段,对于初学者而言,工具的易用性具有举足轻重的地位,它是决定学习者能否顺利开启数据分析之旅的关键因素。在面对复杂且陌生的数据分析领域时,初学者往往会对学习过程存在一定的担忧和恐惧心理。若此时所选用的工具操作界面繁杂、操作流程晦涩难懂,无疑会进一步加剧他们的畏难情绪,使得他们在学习初期就遭遇巨大的阻碍,从而极大地降低学习的积极性和主动性。以社会科学统计软件包(SPSS)为例,它采用的菜单式操作界面设计理念,充分考虑了初学者的实际需求和技术水平。这种直观的操作方式,使得即使是没有深厚编程知识背景的学生,也能够轻松上手。在进行描述性统计分析时,学生无需编写复杂的代码,只需在菜单中按照提示依次选择相应的功能选项,如均值、中位数、众数、标准差、方差等统计量的计算,系统就能迅速且准确地给出分析结果。这种便捷的操作方式,让学生能够将更多的精力集中在对数据分析结果的理解和解读上,而不是花费大量的时间去学习复杂的编程语法和操作技巧。除了操作界面的简洁性之外,工具提供详细的文档和全面的帮助信息也至关重要。在学习过程中,初学者难免会遇到各种各样的问题和困惑。当他们在操作工具时遇到困难,如果能够及时从详细的文档中找到解决方案,这将有助于他们保持学习的连贯性和自信心。许多专业的数据分析工具都会配备丰富的在线帮助文档、详细的用户手册以及生动的视频教程等资源。这些资源不仅涵盖了工具的基本操作方法、各种功能的使用示例,还包括了常见问题的解决方案以及一些高级应用技巧。例如,SPSS 的官方网站提供了大量的教程和案例,学生可以根据自己的需求进行学习和参考。

(二)功能匹配性

统计学作为一门应用广泛的学科,其教学内容丰富多样,涵盖了描述性统计、推断性统计、回归分析、时间序列分析等多个重要方面。这些内容不仅是统计学知识体系的核心组成部分,也是学生在实际数据分析工作中经常会用到的方法和技术。因此,选择的数据分析工具必须能够全面支持这些教学内容的实现,提供丰富且相应的统计分析方法和模型。

在教授回归分析这一重要内容时,工具应具备提供多元回归模型的能力。回归分析是一种广泛应用于数据分析和预测的统计方法,常见的回归模型包括线性回归、非线性回归、逻辑回归等。不同的回归模型适用于不同的数据特征和分析目的。例如,线性回归适用于研究变量之间的线性关系,常用于预测连续型变量的值;而非线性回归则适用于处理变量之间的非线性关系,能够更准确地描述数据的变化规律。工具不仅要能够提供这些不同类型的回归模型,还需要具备进行模型拟合、评估和预测的功能。在模型拟合过程中,工具要能够根据给定的数据和模型类型,自动计算出最优的模型参数;在模型评估方面,要能够提供多种评估指标,如均方误差、决定系数等,帮助学生判断模型的拟合效果和预测能力;在模型预测方面,要能够根据训练好的模型对新的数据进行准确的预测。以 Python 中的 Scikit-learn 库为例,它是一个功能强大的机器学习库,提供了丰富的回归模型和相关工具。学生可以使用 Scikit-learn 库中的线性回归、岭回归、决策树回归等多种模型对不同类型的数据进行分析。在进行回归分析时,学生可以根据数据的特点和分析的目的选择合适的模型,并通过简单的代码实现模型的训练、评估和预测。

在数据处理方面,工具应具备强大的数据导入、导出和处理能力。在实际的数据分析过程中,数据来源多种多样,可能是 Excel 文件、CSV 文件、数据库中的数据,也可能是从网络接口获取的数据。工具要能够支持这些不同格式和来源的数据的导入,并进行有效的处理和转换。例如,工具要能够对数据进行清洗,处理缺失值、异常值等问题;要能够对数据进行特征工程,如特征提取、特征选择、特征变换等,以提高数据的质量和可用性;还要能够将处理后的数据导出为不同的格式,方便后续的分析和使用。

(三)可扩展性

随着学生在数据分析领域的学习不断深入,他们对数据分析的要求也会逐渐提高,可能需要使用更高级的分析方法和技术来解决复杂的实际问题。因此,工具的可扩展性成为选择数据分析工具时的一个重要标准。

Python 和 R 是两款具有代表性的开源数据分析工具,它们拥有丰富的开源社区。这些开源社区汇聚了全球众多的数据分析爱好者和专业人士,他们不断开发和分享各种扩展包和工具,为学生提供了广阔的扩展空间。学生可以根据自己的学习和研究需求,自由地安装和使用各种扩展包,实现更复杂的数据分析任务。以深度学习分析为例,深度学习是一种基于人工神经网络的机器学习方法,广泛应用于图像识别、自然语言处理、语音识别等领域。Python 的 TensorFlow 和 PyTorch 扩展包为学生提供了强大的工具支持。TensorFlow 和 PyTorch 是两个流行的深度学习框架,它们提供了丰富的神经网络模型和工具,方便学生构建和训练复杂的神经网络模型。学生可以使用这些框架构建卷积神经网络(CNN)、循环神经网络(RNN)等不同类型的神经网络,用于图像分类、目标检测、文本生成等任务。此外,工具还应支持与其他软件和平台的集成。在实际的数据分析工作中,往往需要多个软件和平台协同工作,以实现数据的共享和协作。例如,数据分析工具可以与数据库管理系统集成,实现数据的实时更新和交互。学生可以通过数据分析工具直接连接到数据库,读取和写入数据,进行实时的数据分析和处理。同时,数据分析工具也可以与云计算平台集成,利用云计算平台强大的计算资源进行大规模数据分析。云计算平台提供了弹性的计算能力和存储资源,能够满足学生在处理大规模数据时的需求。例如,学生可以将数据分析任务提交到 Amazon Web Services(AWS)、Google Cloud Platform(GCP)等云计算平台上进行处理,大大提高数据分析的效率和速度。

二、可视化功能在数据分析工具中的重要性

(一)丰富的可视化类型

在统计学教学与实际的数据分析工作中,拥有丰富可视化类型的数据分析工具是极为关键的。不同的数据特征和分析目的需要与之相适配的可视化方式,只有这样,才能将数据背后隐藏的信息清晰、准确地展现出来。一个优秀的数据分析工具应如同一个装满各类画笔的调色盘,提供诸如散点图、折线图、柱状图、饼图等多种可视化类型,以满足多样化的分析需求。

散点图(图6-1)作为一种重要的可视化工具,在展示两个变量之间的关系方面具有独特的优势。它通过在二维平面上绘制数据点,能够帮助学生直观地发现数据中的趋势和异常值。在社会科学研究中,研究学生的学习成绩和学习时间的关系是一个常见的课题。通过将每个学生的学习成绩作为一个坐标轴上的值,学习时间作为另一个坐标轴上的值,绘制散点图。如果散点大致呈现出从左下角到右上角的趋势,那么可以推测两者之间可能存在正相关关系,即学习时间越长,学习成绩可能越高;反之,如果散点分布比较分散,没有明显的趋势,则说明两者之间可能不存在线性关系。此外,散点图中远离其他数据点的孤立点可能就是异常值,这些异常值可能代表着特殊的情况,如某个学生可能因为特殊的学习方法或者天赋,在较短的学习时间内取得了很高的成绩,对这些异常值的进一步研究可能会发现新的规律或者问题。

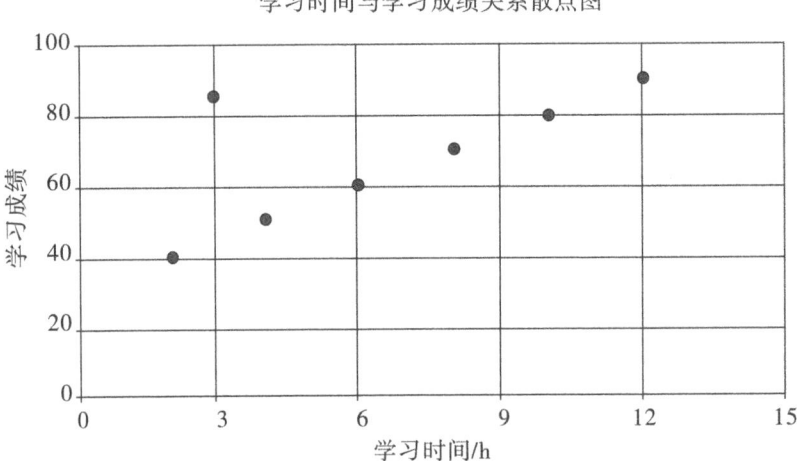

图 6-1　学习时间与学习成绩关系散点图

折线图(图 6-2)则特别适合展示数据随时间的变化趋势。在金融领域,股票价格的走势是投资者密切关注的信息。通过绘制股票价格随时间变化的折线图,投资者可以清晰地看到股票价格的波动情况,判断其上涨或者下跌的趋势。在气象学中,气温的变化也是一个随时间变化的过程,折线图可以直观地展示出一段时间内气温的起伏,帮助气象学家分析气候变化的规律。折线图的线条走势能够让观察者快速把握数据的整体变化趋势,预测未来的发展方向。

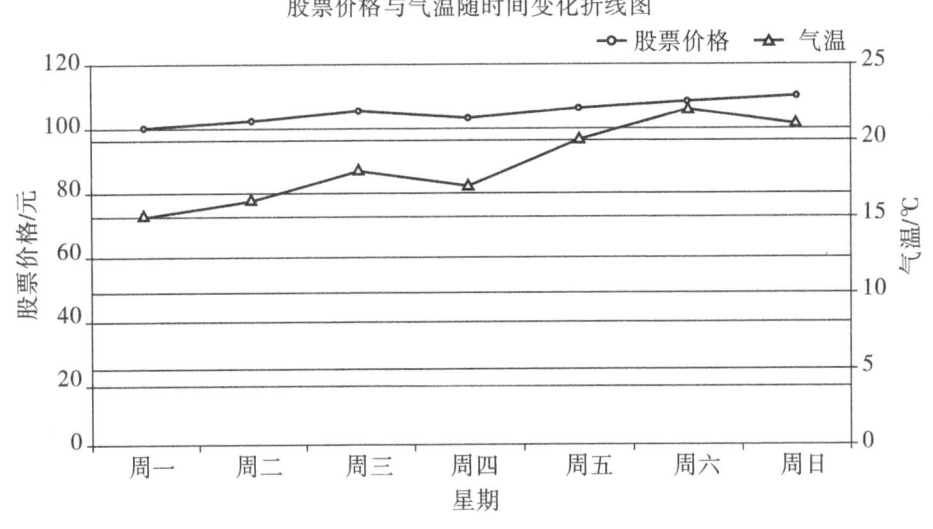

图 6-2　股票价格与气温随时间变化折线图

柱状图(图 6-3)在比较不同类别之间的数据差异方面表现出色。在教育领域,比较不同班级学生的平均成绩是评估教学效果的一种常见方式。通过绘制柱状图,每个班级作为一个类别,其平均成绩用柱子的高度来表示,不同班级之间的成绩差异一目了然。在市场调研中,比较不同品牌产品的销售量也可以使用柱状图,这样可以快速看出各个品牌在市场上的竞争力差异。柱状图的直观性使得数据之间的对比更加清晰,便于决策者做出判断。

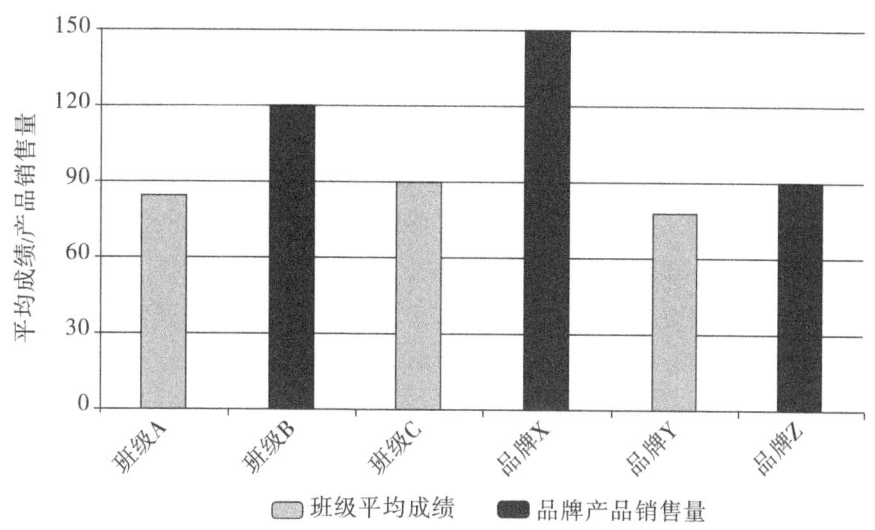

图6-3 班级平均成绩与品牌产品销售对比

饼图(图6-4)常用于展示各部分数据在总体中所占的比例。在市场营销中,了解不同产品的市场份额是制定营销策略的重要依据。通过绘制饼图,每个产品的市场份额用扇形的面积来表示,整个饼图代表市场的总体规模。这样,企业可以直观地看到自己的产品在市场中所占的比例,以及与竞争对手相比的优势和劣势。在资源分配方面,饼图也可以用来展示各项资源在总资源中所占的比例,帮助管理者合理分配资源。

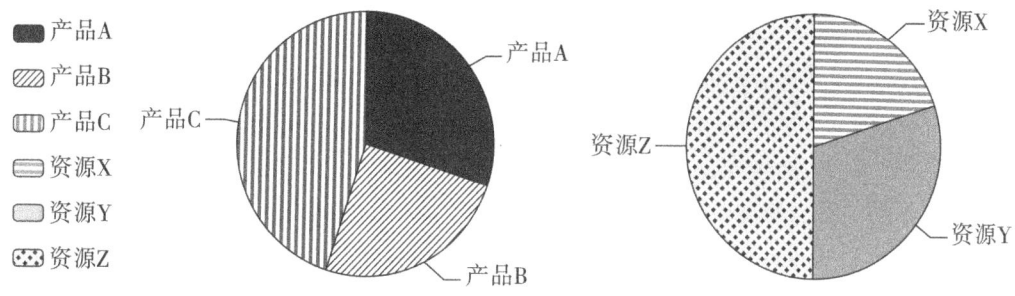

图6-4 产品市场份额与资源分配饼图

(二)交互式可视化

交互式可视化打破了传统静态可视化的局限性,允许学生通过鼠标点击、拖动、缩放等操作,深入探索数据的特征和规律,为数据分析带来了全新的体验。以 R 语言中的 ggplot2 包为例,它是一个功能强大的可视化工具,能够创建高质量的可视化图形,并且支持动态和交互式可视化。在使用 ggplot2 包创建可视化图形时,学生可以通过设置不同的参数,如颜色、形状、大小等,来突出显示数据的某些特征。在绘制散点图时,可以根据数据的不同类别为数据点设置不同的颜色,这样可以更清晰地展示不同类别之间的差异。同时,还可以调整数据点的大小,使其与某个变量的值相关联,进一步丰富可视化的信息。

更为重要的是,ggplot2 包支持添加交互元素。通过添加鼠标悬停显示数据值的功能,当学生将鼠标指针悬停在某个数据点上时,会弹出一个小窗口显示该数据点的具体数值。这对于精确获取数据信息非常有帮助,尤其是在数据点比较密集的情况下。点击显示详细信息的功能则允许学生通过点击数据点或者图形的某个部分,获取更详细的相关信息。在绘制柱状图时,点击某个柱子可以显示该柱子所代表类别的详细数据,如具体的数值、占比等。

在教学过程中,交互式可视化为教师和学生提供了一个更加灵活和深入的学习平台。教师可以引导学生通过交互式可视化来发现问题、提出假设,并进行进一步的分析和验证。在展示一组销售数据的可视化图形时,教师可以让学生通过交互操作探索不同时间段、不同产品的销售情况,鼓励学生发现销售数据中的异常波动或者趋势变化。学生在发现问题后,可以提出自己的假设,如某个时间段销售下降可能是由于竞争对手推出了新产品,然后通过进一步分析相关数据来验证自己的假设。这种基于交互式可视化的学习方式,能够激发学生的学习兴趣和主动性,提高他们的数据分析能力和独立解决问题的能力。

三、成本因素对数据分析工具选择的影响

(一)开源免费工具

在教学环境下,成本是选择数据分析工具时必须着重考量的关键因素。由于通常要为大量学生提供工具使用权限,选择具备合理成本的工具就显得尤为重要。开源免费工具,像 Python、R、Hadoop 等,为教学提供了经济实惠的优质选择,它们不仅能显著降低教学成本,还能在培养学生开源精神和社区参与意识方面发挥积极作用。

Python 作为一种通用的高级编程语言,在数据分析领域展现出了强大的实力。它拥有丰富多样的数据分析库,为学生进行数据分析和可视化提供了有力支持。NumPy 库提供了高效的多维数组对象以及对这些数组进行快速操作的函数,是 Python 进行科学计算

的基础。例如，在处理大规模的数值数据时，NumPy 能够以极高的效率完成数据的存储和运算，大大节省了计算时间。Pandas 库则专注于数据处理和分析，它提供了类似于数据库表格的数据结构 DataFrame，方便学生进行数据的读取、清洗、转换和分析。在处理包含多种数据类型的复杂数据集时，Pandas 可以轻松地完成数据的筛选、排序、分组等操作。Matplotlib 库是 Python 中常用的绘图库，它可以创建各种类型的可视化图形，如折线图、柱状图、散点图等，帮助学生直观地展示数据的特征和规律。学生可以免费使用这些库进行数据分析和可视化，无需支付任何费用，这对于学校和学生来说都是一笔可观的成本节约。

R 是专门为统计分析和数据可视化设计的编程语言，它在统计学领域拥有广泛的用户群体。R 拥有大量的开源扩展包，这些扩展包涵盖了各种统计分析方法和模型，学生可以根据自己的需求进行安装和使用。在进行回归分析时，学生可以使用"lm"包进行线性回归分析，使用"glm"包进行广义线性回归分析。R 的可视化功能也非常强大，"ggplot2"包可以创建高质量、美观的可视化图形，并且支持交互式可视化。学生可以在开源社区中分享自己的代码和经验，也可以从社区中获取其他用户的帮助和资源。这种开源社区的氛围有助于培养学生的开源精神和社区参与意识，让学生在学习过程中不仅能够掌握数据分析的技能，还能学会与他人合作和分享。

Hadoop 是一个开源的分布式计算平台，它主要用于处理大规模数据。Hadoop 的核心组件 HDFS(Hadoop Distributed File System)可以将数据分布式存储在多台计算机上，提高了数据的可靠性和可用性。MapReduce 是 Hadoop 的计算模型，它可以将大规模的数据处理任务分解为多个小任务，并行地在多台计算机上进行计算，大大提高了数据处理的效率。在处理海量的日志数据、社交媒体数据等大规模数据集时，Hadoop 能够发挥出其强大的优势。学校和教师使用 Hadoop 进行教学，无需购买昂贵的商业数据处理软件，只需搭建一个基于 Hadoop 的分布式计算集群，就可以让学生在实际的大规模数据处理环境中进行学习和实践。同时，学生也可以在开源社区中获取关于 Hadoop 的最新技术和应用案例，不断提升自己的数据分析能力。

(二)商业工具的合理使用

尽管开源免费工具具备诸多优势，但在某些特定情况下，商业工具也可能成为必要的选择。一些商业工具凭借其更强大的功能和更优质的技术支持，能够更好地满足特定的教学和研究需求。以 SAS(Statistical Analysis System)为例，它是一款专业的数据分析软件，在金融、医疗等众多领域都有着广泛而深入的应用。SAS 提供了丰富的统计分析方法和模型，涵盖了从基础的描述性统计到复杂的多元统计分析、机器学习等各个方面。在金融领域，SAS 可以用于风险评估、投资组合优化等方面。通过使用 SAS 的高级统计模型，金融分析师可以对市场风险、信用风险等进行准确的评估和预测，为投资决策提供有力的支持。在医疗领域，SAS 可以用于医学研究、临床试验和数据分析等方面。它可以帮助医学研究人员分析患者的病历数据、药物疗效数据等,发现疾病的发病规律和治疗效果的影响因素。

SAS 还具有高效的数据处理能力。它可以处理大规模的结构化和非结构化数据,并且能够在短时间内完成复杂的数据计算和分析任务。对于一些对数据分析要求较高的专业课程,如金融风险管理、生物统计学等,使用 SAS 可以让学生接触到更专业的分析工具和技术,培养学生在实际工作中应用专业工具解决问题的能力。然而,商业工具通常需要支付较高的软件授权费用,这对于学校和教师来说是一笔不小的开支。因此,在选择商业工具时,需要进行全面的权衡和慎重地选择。首先,要考虑工具的功能是否与教学内容相匹配。如果教学内容主要涉及基础的数据分析方法和简单的统计模型,那么开源免费工具可能已经足够满足需求;但如果教学内容涉及高级的统计分析、复杂的机器学习算法等,那么商业工具可能更具优势。其次,要考虑工具是否能够提供良好的技术支持。商业工具通常会提供专业的技术支持团队,能够及时解决用户在使用过程中遇到的问题。对于学校和学生来说,良好的技术支持可以保证教学和学习的顺利进行。

第二节 大数据技术在统计学教学中的实际运用

一、将大数据思维融入统计学课程

(一)大数据思维的引入与课程调整

1. 扩展数据采集和存储的方式

传统教学往往侧重于手动采集样本数据,研究人员依据预先设定的假设来确定样本容量,然后按照既定的流程进行数据采集。这种方式通常依赖于简单的调查问卷或者特定的实验设计,所获取的数据规模相对较小,并且数据来源较为单一。例如,在社会科学研究中,研究人员可能会设计一份调查问卷,针对特定的人群进行发放,然后手动收集和整理问卷结果。这种方式虽然能够保证数据的准确性和可控性,但在面对复杂多变的现实世界时,其局限性也日益凸显。然而,随着大数据时代的到来,数据的生态环境发生了翻天覆地的变化。数据来源变得广泛且多样,涵盖了互联网、物联网、社交媒体等多个领域。数据采集的方式也从传统的手动操作转变为自动化、大规模的数据抓取。以互联网为例,每天都会产生海量的信息,包括网页内容、用户评论、交易记录等。这些数据蕴含着丰富的信息,但如果采用传统的手动采集方式,几乎是不可能完成的任务。因此,现代数据采集技术应运而生,如爬虫技术。爬虫技术可以模拟人类在互联网上的浏览行为,自动访问网页并提取所需的数据。

除了爬虫技术,传感器数据采集也是大数据时代重要的数据采集方式之一。随着物联网的发展,各种传感器被广泛应用于各个领域,如智能家居、工业监控、环境监测等。这些传感器可以实时收集各种物理量的数据,如温度、湿度、压力、光照等。通过将这些传感器连接到网络,可以实现数据的实时传输和存储。例如,在智能家居系统中,各种传感器可以实时监测室内的环境参数,并将数据传输到云端服务器进行分析和处理。

实时数据流也是大数据时代数据采集的重要组成部分。在金融、交通、医疗等领域,数据的产生是实时的,并且具有很高的时效性。例如,在金融市场中,股票价格、交易数据等都是实时变化的。如果不能及时采集和处理这些数据,就可能会错过重要的投资机会或者导致决策失误。因此,实时数据流采集技术可以实时捕捉这些数据,并将其传输到数据分析系统中进行处理。

大数据的一个重要特征是其庞大的数据量和无序性。这就要求学生不仅要掌握传统的数据收集方法,还要学习如何使用现代技术工具来获取大量、复杂的数据集。在数据存储方面,传统的数据库系统已经难以满足大数据的存储需求。因此,学生还需要学习如何使用分布式文件系统(如 HDFS)和非关系型数据库(如 MongoDB、Redis)来存储和管理大数据。

2. 数据分析方法的转型

在传统的统计学教学中,抽样调查和假设检验是常用的方法。研究人员通过从总体中抽取一定数量的样本,然后对样本数据进行分析,以此来推断总体的特征。例如,在市场调研中,研究人员可能会从消费者群体中抽取一部分样本进行调查,然后根据样本数据来推断整个消费者群体的消费偏好和行为特征。这种方法在样本具有代表性的情况下,可以得到较为准确的结果。然而,随着大数据时代的到来,数据量和数据种类呈现出爆炸式增长。传统的统计学方法在面对大规模、复杂的数据时,显得力不从心。大数据时代的数据不仅规模庞大,而且具有多样性、高速度和低价值密度等特点。这些特点使得传统的抽样调查和假设检验方法难以满足数据分析的需求。例如,在社交媒体数据分析中,每天都会产生海量的用户数据,包括文本、图片、视频等多种形式。如果采用传统的抽样调查方法,很难保证样本的代表性,而且抽样过程也会耗费大量的时间和精力。

在统计学教学中,必须重视非结构化数据的处理和大规模数据集的分析。非结构化数据是指没有固定结构和格式的数据,如文本、图像、音频、视频等。这些数据在大数据中占据了很大的比例,但传统的统计学方法很难直接处理这些数据。因此,学生需要学习如何运用自然语言处理、计算机视觉等技术来处理非结构化数据。例如,在文本数据分析中,学生可以学习如何使用词法分析、句法分析、语义分析等技术来提取文本中的信息和知识。

同时,随着数据量的不断增大,传统的统计分析方法在处理大规模数据集时效率低下。因此,教师在讲解基础统计学理论的同时,需要引导学生掌握如何运用新兴的统计学方法和技术来处理大规模数据集。聚类分析是一种常用的数据分析方法,它可以将数据集中相似的数据对象划分为不同的类别。在客户细分、图像分割等领域有着广泛的应用。回归分析则可以用于建立变量之间的关系模型,预测未来的趋势。时间序列分析可以用于分析随时间变化的数据,如股票价格、气温变化等。机器学习是近年来发展迅速的数据分析技术,它可以自动从数据中学习模式和规律,并进行预测和决策。在推荐系统、图像识别、语音识别等领域取得了巨大的成功。

3. 推理论证与大数据的结合

传统的统计学方法通常从假设的构建开始,然后通过收集样本数据来验证假设。在医学研究中,研究人员可能会提出一个关于某种药物疗效的假设,然后通过临床试验收集样本数据,运用假设检验的方法来验证这个假设是否成立。这种方法在一定程度上依赖于小规模样本的代表性和可靠性。然而,在大数据时代,由于数据量的极大丰富,统计分析不再仅仅依赖于小规模样本来进行推论和假设验证。相反,研究人员可以直接对海量数据进行分析,从中发现规律和模式。例如,在电商领域,通过分析海量的用户购买数据,可以发现用户的购买行为模式和偏好,从而为个性化推荐、营销策略制定等提供依据。

在统计学课程中,教学内容需要加强对大数据处理方法的讲解。分布式计算平台是处理大数据的重要工具之一,如 Hadoop 和 Spark。Hadoop 是一个开源的分布式计算平台,它提供了分布式文件系统(HDFS)和分布式计算框架(MapReduce),可以将大规模的数据处理任务分解为多个小任务,并行地在多台计算机上进行处理。Spark 则是一个快速、通用的分布式计算系统,它提供了更高效的数据处理和分析能力,支持多种编程语言和数据处理算法。学生需要学习如何使用这些分布式计算平台来进行数据存储和计算,提高数据处理的效率和性能。

除了分布式计算平台,学生还需要学习如何运用统计模型来分析庞大的数据集,并从中提取出对决策有意义的信息。在金融领域,通过分析海量的金融数据,可以建立风险评估模型、投资决策模型等,为金融机构的决策提供支持。在医疗领域,通过分析大量的病历数据和临床试验数据,可以发现疾病的发病规律和治疗效果的影响因素,为医学研究和临床实践提供参考。

在推理论证方面,学生需要学会如何从大数据中提取有价值的信息,并运用统计方法进行合理的推断和论证。由于大数据的复杂性和不确定性,传统的统计推断方法可能不再适用。因此,学生需要学习新的推断方法和技术,如基于机器学习的推断方法、贝叶斯推断方法等。

(二)培养大数据分析能力

1. 数据处理工具的使用

在传统的统计学教学与实践中,SPSS 和 Excel 是被广泛应用的数据分析软件工具。

SPSS以其操作相对简便、功能较为全面,在社会科学、市场调研等领域的数据分析中发挥了重要作用。它提供了丰富的统计分析方法,如描述性统计、相关性分析、回归分析等,能够帮助研究人员对小规模数据进行有效的分析和解读。Excel则凭借其普及性和易用性,成为日常数据处理和简单分析的常用工具,用户可以通过函数和图表功能对数据进行初步的整理和展示。然而,随着大数据时代的来临,数据的规模、复杂度和多样性都发生了质的变化。传统的软件工具在处理大规模、高维度、实时变化的数据时显得力不从心。在互联网行业,每天都会产生海量的用户行为数据,包括点击记录、浏览历史、交易信息等,这些数据的规模可能达到PB甚至EB级别,传统工具根本无法处理如此庞大的数据量。

在这样的背景下,学生需要掌握更为强大的数据分析工具,以适应大数据环境下的统计分析需求。Python是一种高级编程语言,具有丰富的数据分析库和工具,如NumPy、Pandas、Matplotlib等。NumPy提供了高效的多维数组对象和计算工具,能够进行快速的数值计算;Pandas则专注于数据处理和分析,提供了类似于数据库表格的数据结构,方便进行数据的清洗、转换和聚合操作;Matplotlib则可以用于创建各种类型的可视化图表,将数据分析结果直观地展示出来。例如,在分析电商平台的销售数据时,可以使用Python的Pandas库对订单数据进行清洗和整理,然后使用Matplotlib库绘制销售趋势图、用户地域分布直方图等,帮助企业了解销售情况和用户特征。

R语言也是一种专门用于统计分析和数据可视化的编程语言,它拥有庞大的统计分析包和丰富的可视化功能。R语言在学术界和科研领域得到了广泛的应用,许多统计学家和数据科学家都使用R语言进行数据分析和模型构建。例如,在生物信息学领域,研究人员可以使用R语言对基因表达数据进行分析,挖掘基因之间的关联和调控关系。

Hadoop和Spark是大数据处理的核心框架。Hadoop是一个开源的分布式计算平台,它提供了分布式文件系统(HDFS)和分布式计算框架(MapReduce)。HDFS可以将大规模数据分散存储在多个节点上,实现数据的高可靠性和可扩展性;MapReduce则可以将复杂的数据分析任务分解为多个小任务,并行地在多个节点上进行处理,大大提高了数据处理的效率。Spark是一个快速、通用的分布式计算系统,它在内存计算方面具有显著优势,能够处理实时数据流和复杂的数据分析任务。例如,在金融行业,银行可以使用Hadoop和Spark对海量的交易数据进行实时分析,监测异常交易行为,防范金融风险。

教师应在统计学课程中融入这些工具的实际应用。通过理论讲解和实践操作相结合的方式,让学生不仅理解统计原理,还能学会如何使用这些工具处理、分析和可视化大规模数据集。在课程设计上,可以安排专门的实验课程,让学生在实践中掌握这些工具的使用方法。

2. 数据分析的实用性

教师会花费大量的时间讲解统计学的基本概念、定理和公式,如概率分布、大数定律、中心极限定理等。学生在学习过程中,主要通过做练习题和完成作业来巩固所学的理论知识,而在实际应用层面的训练相对较少。这种教学方式导致学生虽然掌握了丰富的统计学理论知识,但在面对实际问题时,却不知道如何运用这些知识进行数据分析和决策。大数据分析则更加强调实践应用,尤其是在商业、金融、医疗等领域。在商业领域,企业需要通过分析市场数据、客户数据和销售数据,了解市场需求和客户偏好,制定营销策略和产品规划。在金融领域,银行和投资机构需要通过分析金融市场数据、客户信用数据和风险数据,进行风险评估和投资决策。在医疗领域,医疗机构需要通过分析患者的病历数据、临床试验数据和基因数据,进行疾病诊断和治疗方案制定。因此,统计学课程应当通过更多的案例分析、项目驱动式教学以及企业合作,让学生在实践中解决实际问题。案例分析是一种有效的教学方法,通过选取实际的数据分析案例,让学生深入了解数据分析的流程和方法。在讲解案例时,教师可以引导学生分析问题的背景、数据的来源和特点、分析的目标和方法,以及最终的结果和结论。

项目驱动式教学是一种以项目为导向的教学方法,通过让学生参与实际的数据分析项目,培养他们的团队协作能力、问题解决能力和创新能力。在项目驱动式教学中,教师可以为学生提供一个实际的数据分析项目,让学生组成团队,共同完成项目的各个环节,包括数据收集、数据清洗、数据分析和结果展示。在项目实施过程中,学生需要运用所学的统计学知识和数据分析工具,解决项目中遇到的各种问题。通过项目驱动式教学,学生可以在实践中积累经验,提高自己的综合素质。

企业合作是一种将学校教育与企业需求相结合的教学模式,通过与企业合作,学校可以了解企业的实际需求和行业发展动态,为学生提供更加贴近实际的教学内容和实践机会。学校可以与企业建立实习基地,让学生到企业中进行实习,参与企业的实际数据分析项目。同时,学校还可以邀请企业的数据分析专家到学校举办讲座和指导,为学生传授实际工作中的经验和技巧。通过与企业合作,学生可以更好地了解市场需求和行业发展趋势,提高自己的就业竞争力。通过与案例分析、项目驱动式教学以及企业合作等方式,学生能够理解如何将所学统计学知识和大数据技术结合起来,为现实世界中的复杂问题提供解决方案。在实际应用中,学生需要根据问题的特点和数据的情况,选择合适的统计学方法和数据分析工具,进行数据处理、分析和可视化。

二、融入大数据方面的统计学方法知识

(一)非结构化数据处理

非结构化数据,如文本、图像、音频和视频等,占据了数据总量的绝大部分。与传统的结构化数据(如表格数据)不同,非结构化数据没有固定的格式和结构,其内容丰富多样且复杂,这给数据的处理和分析带来了极大的挑战。

自然语言处理(NLP)是处理非结构化文本数据的重要领域。在互联网上,每天都会

产生海量的文本数据,如新闻文章、社交媒体评论、客户反馈等。这些文本数据蕴含着丰富的信息,但需要进行有效的处理和分析才能提取出有价值的内容。学生需要学习如何对文本数据进行清洗,去除其中的噪声、停用词和错误信息,以提高数据的质量。例如,在分析社交媒体评论时,需要去除表情符号、网址链接等无关信息。同时,学生还需要掌握文本分类的方法,将文本数据划分为不同的类别,以便进行进一步的分析。例如,可以将新闻文章分类为政治、经济、娱乐等类别。此外,运用机器学习等先进技术进行文本分析也是至关重要的。例如,使用情感分析技术可以判断文本所表达的情感倾向,是积极、消极还是中性,这在市场调研、舆情监测等领域有着广泛的应用。

图像识别是处理非结构化图像数据的关键技术。图像识别在经管类专业中的应用逐渐受到关注,尤其是在市场营销、金融分析、供应链管理等领域。随着数字化和智能化的发展,图像数据被广泛应用于各类商业决策和数据分析。例如,在市场营销领域,企业可以通过分析消费者的图像数据(如社交媒体上的图片或购买行为图像)来了解消费者的兴趣和偏好,从而制定更加精准的广告策略;在金融领域,图像识别技术可以应用于支票和票据的自动处理,提高金融服务效率;在供应链管理中,通过监控视频图像分析库存和货物流动,实现库存管理的优化。学生在经管类专业学习图像识别技术时,除了需要了解基础的图像处理技术外,还需要掌握如何将图像识别与业务需求相结合。首先,要学习图像数据的预处理方法,如图像增强和降噪,以提高图像数据的质量和可用性。例如,通过图像增强技术使得商品图片更具吸引力,或通过降噪方法去除监控视频中的不必要干扰,从而提高分析结果的准确性。

音频分析在语音识别、音乐推荐等领域有着重要的应用。学生需要学习如何对音频数据进行特征提取,如提取音频的频率、幅度等特征。同时,要掌握语音识别技术,将语音信号转换为文本信息,这在智能语音助手、语音导航等应用中起着关键作用。此外,音频分类和情感分析也是音频分析的重要方面,可以将音频分为不同的类别,如音乐、语音、噪声等,并判断音频所表达的情感。

(二)新兴统计学方法的引入

传统统计学方法,如 t 检验、回归分析等,在处理小规模、结构化数据时发挥了重要作用。t 检验常用于比较两组数据的均值是否存在显著差异,回归分析则用于建立变量之间的线性关系。然而,在大数据环境下,数据的规模、复杂度和多样性都大大增加,传统统计学方法已经无法满足大数据分析的需求。

现代统计学方法,特别是基于机器学习和人工智能的统计分析方法,为大数据分析提供了更强大的工具和技术。聚类分析是一种无监督学习方法,它可以将数据集中的样本划分为不同的类别,使得同一类别内的样本具有较高的相似度,不同类别之间的样本具有较大的差异。例如,在客户细分中,可以根据客户的购买行为、偏好等特征将客户分为不同的群体,以便企业制定针对性的营销策略。

决策树是一种基于树结构进行决策的方法,它可以根据数据的特征和属性,构建一棵决策树,用于分类和预测。决策树具有直观、易于理解的特点,在金融风险评估、医疗诊断等领域有着广泛的应用。例如,在金融风险评估中,可以根据客户的信用记录、收入水平等特征构建决策树,预测客户的违约风险。

支持向量机是一种有监督学习方法,它可以通过寻找最优的分离超平面,将不同类别的样本分开。支持向量机在图像识别、文本分类等领域有着良好的表现。例如,在图像识别中,可以使用支持向量机对图像进行分类,判断图像中是否包含特定的物体。

神经网络是一种模仿人类神经系统的计算模型,它由大量的神经元组成,可以自动学习数据中的复杂模式和规律。神经网络在图像识别、语音识别、自然语言处理等领域取得了巨大的成功。例如,深度学习中的卷积神经网络(CNN)在图像识别领域具有很高的准确率,循环神经网络(RNN)在自然语言处理领域可以处理序列数据。

统计学课程应当增加对现代统计学方法的讲解,帮助学生理解如何在大数据环境下提取规律、进行预测和决策支持。教师可以通过理论讲解、案例分析和实践操作相结合的方式,让学生掌握这些新兴统计学方法的原理和应用。同时,要引导学生思考这些方法在不同领域的应用场景和局限性,培养学生的数据分析思维和创新能力。

(三)大数据技术工具的教学

随着大数据处理平台(如 Hadoop、Spark)的普及,传统的统计学教学工具已经无法满足大数据分析的需要。传统的统计学教学工具,如 Excel、SPSS 等,在处理小规模数据时具有一定的优势,但在处理大规模、分布式数据时,其性能和效率会受到很大的限制。

Hadoop 是一个开源的分布式计算平台,它提供了分布式文件系统(HDFS)和分布式计算框架(MapReduce)。HDFS 可以将大规模数据分散存储在多个节点上,实现数据的高可靠性和可扩展性。MapReduce 则可以将复杂的数据分析任务分解为多个小任务,并行地在多个节点上进行处理,大大提高了数据处理的效率。例如,在处理海量的日志数据时,可以使用 Hadoop 的 MapReduce 框架对日志数据进行统计分析,计算访问量、点击率等指标。

Spark 是一个快速、通用的分布式计算系统,它在内存计算方面具有显著优势,能够处理实时数据流和复杂的数据分析任务。Spark 提供了丰富的 API,支持多种编程语言,如 Java、Python、Scala 等。与 Hadoop 相比,Spark 的计算速度更快,能够在更短的时间内完成数据分析任务。例如,在实时数据分析场景中,可以使用 Spark Streaming 对实时数据流进行处理和分析,实现实时监控和预警。

统计学教育应当引入这些工具的应用,教学生如何使用大数据平台进行数据存储、分布式计算和数据分析。教师可以通过实验课程和项目实践,让学生亲身体验大数据平台的使用方法和优势。同时,要让学生了解大数据平台的架构和原理,掌握数据存储和管理的技巧,提高数据处理的效率和质量。

Python 和 R 是两种广泛应用于数据分析的编程语言。Python 具有丰富的数据分析库和工具,如 NumPy、Pandas、Matplotlib 等。NumPy 提供了高效的多维数组对象和计算工具,能够进行快速的数值计算;Pandas 则专注于数据处理和分析,提供了类似于数据库表格的数据结构,方便进行数据的清洗、转换和聚合操作;Matplotlib 则可以用于创建各种类型的可视化图表,将数据分析结果直观地展示出来。R 语言也是一种专门用于统计分析和数据可视化的编程语言,它拥有庞大的统计分析包和丰富的可视化功能。

教师应当传授学生如何利用 Python、R 等编程语言,结合这些工具进行数据处理与统计分析。通过实际案例和项目实践,让学生掌握 Python 和 R 语言的基本语法和数据分析库的使用方法。同时,要引导学生学会选择合适的编程语言和工具,根据不同的数据分析任务和数据特点,选择最优的解决方案。

第三节 基于大数据的统计学实验与教学实践设计

一、统计学实验设计的改革与创新

(一)从验证性实验到探索性和创新性实验的转变

1. 传统验证性实验的局限性

传统的统计学实验设计长期以来主要聚焦于对课堂所学统计理论的验证。在这种模式下,实验往往预先设定好已知样本,并且存在明确的标准答案。学生在实验过程中,更多的是按照既定的步骤和方法去操作,以验证理论的正确性。例如,在经典的假设检验实验中,教师会给定一组数据和特定的假设条件,学生只需运用所学的检验方法(如 t 检验、Z 检验等)进行计算,得出与预设答案相符的结果即可。这种方式虽然有助于学生巩固理论知识,但极大地限制了学生的主动性和创造性。学生只是机械地执行实验步骤,缺乏对数据的深入思考和探索,难以真正理解统计学在实际问题中的应用价值。

2. 探索性实验的特点与价值

在大数据背景下,探索性实验成为统计学实验设计的重要方向。探索性实验鼓励学生主动从海量的数据中去发现问题,并尝试提出解决方案。它强调学生的自主探索和数据分析能力的培养。以社交媒体上的用户行为数据为例,这类数据具有规模大、维度高、结构复杂等特点。学生在使用大数据分析工具对其进行分析时,需要先对数据进行清洗和预处理,去除噪声和异常值。然后,通过可视化技术(如柱状图、折线图、热力图等)对数据进行初步的探索,观察用户行为的分布特征和变化趋势。例如,学生可以分析不同时间段内用户发布内容的频率、不同地域用户的活跃程度等。在这个过程中,学生可能会发现一些有趣的现象,如某些特定话题在特定时间段内的热度突然升高,或者某些地区的用户更倾向于参与特定类型的互动。接着,学生需要进一步深入分析这些现象背后的原因,运用统计学方法(如相关性分析、聚类分析等)挖掘用户的兴趣趋势和社交网络的结构。

3. 创新性实验的设计与意义

教师可以设置一些具有挑战性的项目任务,引导学生运用所学的统计学知识和方法去解决实际问题。例如,在多维度的大数据集中寻找潜在的关联规则。这需要学生首先对数据集进行全面的了解,确定可能存在关联的变量和维度。然后,选择合适的关联规则挖掘算法(如 Apriori 算法、FP-growth 算法等)进行分析。在分析过程中,学生可能需要对算法进行优化和调整,以适应大数据集的特点。又如,利用机器学习算法对庞大的数据集进行分类和预测。学生需要根据数据集的性质和问题的需求,选择合适的机器学习模型(如决策树、支持向量机、神经网络等),并对模型进行训练和评估。通过不断地调整模型参数和优化算法,提高分类和预测的准确性。创新性实验不仅能够加深学生对统计学理论的理解,还能培养他们的创新思维和实践能力,使他们在面对复杂的实际问题时能够灵活运用所学知识,提出独特的解决方案。

(二) 跨学科融合的实验设计

1. 大数据分析的跨学科特性

大数据分析是一个综合性的领域,它涉及多个学科的知识和技术的交叉与融合。统计学作为数据分析的核心学科之一,与计算机科学、社会学、生物学等多个学科有着紧密的联系。在大数据时代,数据的来源和类型日益多样化,单一学科的知识和方法已经难以满足复杂数据分析的需求。例如,在处理大规模的文本数据时,需要运用计算机科学中的自然语言处理技术对文本进行分词、词性标注、命名实体识别等预处理操作,同时还需要运用统计学方法对文本的特征进行提取和分析,以挖掘文本中的潜在信息。

2. 统计学与生物学的跨学科实验

在生物信息学领域,统计学与生物学的结合产生了许多重要的研究成果。生物信息学实验为学生提供了一个很好的跨学科学习平台。例如,在分析基因数据时,学生需要结合生物学的知识理解基因的结构和功能,同时运用统计学方法对基因表达数据进行分析。基因表达数据通常是高维的,包含了大量的基因在不同条件下的表达水平信息。学生可以使用统计学中的聚类分析方法将基因按照表达模式进行分类,从而发现具有相似功能的基因簇。此外,还可以运用差异表达分析方法找出在不同生理状态或疾病状态下表达水平有显著差异的基因,为疾病的诊断和治疗提供潜在的生物标志物。

3. 统计学、社会学和经济学中的跨学科实验

统计学在社会学和经济学中的跨学科实验教学中,扮演着重要角色,帮助学生将统计学方法应用于分析社会行为和经济问题。

在社会学研究中,统计学方法被广泛应用于分析社会行为模式。例如,社会网络分析是社会学的重要领域之一,关注个体之间的关系和互动模式。学生可以通过收集和分析社交网络(如好友关系)或合作网络(如学术作者之间的关系)中的数据,运用统计学方法如中心性分析和社区发现,揭示社会网络的结构和特征。此外,在人口调查分析中,学生通过抽样调查和统计推断,能够对人口的数量、结构、分布等特征进行估计,为社会政策的制定提供数据支持。

在经济学和经管类专业的教学中,统计学也发挥着重要作用,帮助学生将理论与实际应用相结合,提升解决实际经济问题的能力。统计学方法被广泛应用于市场分析、宏观经济研究、消费者行为分析等领域。例如,在市场分析中,学生运用回归分析、聚类分析等统计方法,对市场趋势、消费者行为、产品定价等进行深入探讨。通过收集和分析市场调查数据(如消费者购买历史、收入水平、地区差异等),学生能运用统计学工具进行数据建模,揭示不同因素对产品需求的影响。这样的分析不仅帮助学生更好地理解经济学理论(如需求法则、供给法则),也让学生提升对市场动态的敏感度。

在宏观经济研究中,学生利用统计学中的时间序列分析和回归分析等方法,研究经济指标(如GDP、通货膨胀率、失业率等)与社会经济政策之间的关系。通过分析历史经济数据,学生能预测经济走势,为政策制定提供依据。例如,学生可以分析货币政策和财政政策对经济增长的影响,或预测这些政策对通货膨胀的潜在影响。

在消费者行为分析中,学生通过运用多变量分析技术,研究价格、品牌偏好、广告影响等因素如何共同作用影响消费者的购买决策。这些跨学科的实验和分析,不仅加强了学生对统计学工具的掌握,还提升了他们在经济学领域中的应用能力。

(三)团队合作与项目实践

1. 大数据分析的团队协作需求

大数据分析通常是一个复杂的过程,涉及多个环节和步骤,需要不同专业背景和技能的人员共同协作完成。在实际工作中,一个完整的大数据分析项目可能需要数据采集人员收集和整理数据,数据清洗人员对数据进行预处理,数据分析人员运用统计学和机器学习方法进行数据分析,以及数据可视化人员将分析结果以直观的方式展示出来。

2. 项目式实验设计的实施

在统计学实验设计中,采用项目式的实验设计可以有效地培养学生的团队合作能力。教师可以设计一些具有实际应用背景的数据分析项目,让学生组成小组共同完成。例如,在电商数据分析项目中,学生可以根据自己的兴趣和特长进行分工。一部分学生负责数据清洗工作,他们需要运用数据处理工具(如Python的Pandas库)对电商平台的交易数据进行清洗和预处理,去除重复数据、处理缺失值和异常值。另一部分学生负责数据建模,他们需要根据项目的需求选择合适的统计学和机器学习模型(如线性回归模型、逻辑回归模型等)对数据进行分析和预测。还有一部分学生负责结果展示,他们需要运用数据可视化工具将分析结果以图表、报表等形式展示出来。在项目实施过程中,学生需要定期进行小组讨论,交流各自的工作进展和遇到的问题,共同探讨解决方案。

3. 团队合作对解决复杂统计学问题的作用

在团队合作中,不同学生的知识和技能可以相互补充,从而更好地理解和解决复杂的统计学问题。例如,在面对一个高维数据集的分析问题时,具有计算机科学背景的学生可能更擅长运用算法和编程技术对数据进行处理和分析,而具有统计学背景的学生则可能更熟悉各种统计方法和模型的应用。通过团队成员之间的交流和合作,他们可以充分发挥各自的优势,共同探索最佳的解决方案。此外,团队合作还可以培养学生的责任感和团队精神,让他们明白个人的工作成果对于整个项目的重要性,从而提高他们的工作积极性和主动性。

(四)引入实时数据和动态数据的实验设计

1. 传统静态数据实验的不足

在传统的统计学实验中,所使用的数据通常是静态的历史数据。这些数据是在过去某个时间点收集的,并且在实验过程中不会发生变化。虽然静态数据实验有助于学生掌握基本的统计学方法和理论,但它与实际工作中的数据处理需求存在一定的差距。在现实生活中,许多数据是实时生成和动态变化的,如金融市场的数据、社交媒体的数据、气象数据等。这些数据的实时性和动态性要求我们能够及时地对其进行处理和分析,以获取最新的信息和决策依据。

2. 实时数据和动态数据实验的意义

引入实时数据和动态数据的实验设计可以帮助学生更好地适应实际工作中的数据处理需求。实时数据实验能够让学生亲身体验数据的实时变化和不确定性,培养他们快速处理和分析数据的能力。例如,在金融数据实验中,学生可以使用实时的股票行情数据进行市场风险分析和预测。股票市场的价格和交易量是实时变化的,学生需要运用实时数据分析技术(如流式计算、实时监控等)对这些数据进行处理和分析。通过实时监测股票价格的波动情况,学生可以及时发现市场的异常变化,并运用统计学方法(如风险价值模型、条件风险价值模型等)对市场风险进行评估和预测。

3. 实时数据和动态数据实验的实施

为了实施实时数据和动态数据实验,需要搭建相应的实验环境和平台。教师可以利用云计算平台和大数据处理框架(如 Hadoop、Spark 等)构建实时数据处理系统,实现对实时数据的采集、存储和分析。同时,还可以引入实时数据接口(如金融数据接口、社交媒体数据接口等），让学生能够获取真实的实时数据。在实验过程中，学生需要学习和掌握实时数据分析的技术和方法，如实时数据处理算法、实时数据可视化技术等。通过这样的实验设计，学生能够更好地理解数据的动态变化规律，提高他们在实时数据处理和分析方面的能力，为未来从事相关领域的工作打下坚实的基础。

二、大数据实验教学平台的建设与应用

（一）数据存储与管理能力的建设

大数据实验教学平台作为培养学生大数据技能的重要载体，首要任务便是构建强大的数据存储与管理能力，以适应海量、多源异构数据的存储和处理需求。

从存储架构来看，传统的集中式存储系统由于其扩展性和容错性的局限，已难以满足大数据存储的要求。因此，采用分布式存储系统成为必然选择。以 Hadoop 分布式文件系统（HDFS）为例，它具有高可扩展性，能够通过添加存储节点来轻松应对数据量的不断增长。同时，HDFS 具备高容错性，数据会被自动复制到多个节点上，当某个节点出现故障时，系统可以迅速从其他节点恢复数据，确保数据的安全性和可用性。

除了分布式存储系统，云存储服务也为大数据实验教学平台提供了一种灵活、便捷的存储解决方案。像 Amazon S3 和阿里云 OSS 这类云存储服务，具有按需付费的特点，平台可以根据实际的存储需求灵活调整存储空间，避免了前期大量的硬件投资和后期的维护成本。而且，云存储服务通常具备强大的全球数据访问能力，学生可以在任何有网络连接的地方访问和使用存储在云端的数据，极大地提高了数据的共享性和可获取性。

在数据导入和导出方面，平台需要具备强大的兼容性和灵活性。学生在进行实验时，数据来源广泛，可能包括关系型数据库（如 MySQL、Oracle）、非关系型数据库（如 MongoDB、Redis）、电子表格（如 Excel）以及各种网络 API 等。平台应支持多源数据格式和协议，能够将不同来源的数据准确无误地导入到平台中进行分析。例如，对于从关系型数据库中导出的 CSV 格式数据，平台应能够自动识别并进行数据清洗和转换，使其符合后续分析的要求。同时，平台还应提供丰富的数据导出选项，支持将处理后的数据以多种格式（如 CSV、JSON、XML 等）导出到其他系统中进行进一步处理或存储。

良好的数据存储与管理能力对于学生的学习和成长具有重要意义。通过参与平台的数据存储与管理实践，学生能够深入了解数据存储的原理和架构，掌握数据备份、恢复和安全管理等关键技术，增强对数据的管理经验。同时，他们也能亲身体验到数据存储与处理过程中面临的各种挑战，如数据一致性、数据冗余和数据安全等问题，并学会运用相应的解决方案来应对这些挑战，为未来从事大数据相关工作打下坚实的基础。

（二）数据处理与分析工具的集成

数据处理与分析是大数据实验教学平台的核心功能之一，集成多种数据处理框架和

分析工具对于培养学生的数据分析能力至关重要。

Hadoop 和 Spark 是目前大数据领域中应用最为广泛的两个数据处理框架。Hadoop 的 MapReduce 编程模型为大规模数据处理提供了一种分布式计算的解决方案。它将数据处理任务分解为多个小任务,并行地在多个节点上执行,从而大大提高了数据处理的效率。例如,在处理海量的日志数据时,MapReduce 可以将日志数据按照一定的规则进行分割和处理,提取出有用的信息,如用户行为统计、访问频率分析等。而 Spark 则以其高效的内存计算能力和灵活的编程接口脱颖而出。Spark 支持多种编程语言(如 Java、Scala、Python 等),并且提供了丰富的 API,使得开发人员可以更加方便地进行数据处理和分析。Spark SQL 是 Spark 的一个重要组件,它允许用户使用 SQL 语句对结构化数据进行查询和分析,降低了数据分析的门槛。同时,Spark 还支持实时数据流处理,能够对实时产生的数据进行快速处理和分析,满足了现代大数据应用对实时性的要求。

除了数据处理框架,平台还应集成多种编程语言和相关的统计分析库。Python 和 R 是数据科学领域中最受欢迎的两种编程语言,它们都拥有丰富的统计分析库和工具。在 Python 中,NumPy、Pandas 等库提供了高效的数组和数据结构操作功能,能够帮助学生快速处理和分析大规模数据。Scikit-learn 是 Python 中一个强大的机器学习库,它提供了丰富的机器学习算法和工具,如分类、回归、聚类等算法,以及模型选择、评估和优化等功能。学生可以使用这些工具进行数据建模和预测,探索数据中的潜在规律。R 语言则以其强大的统计分析和可视化功能而闻名。ggplot2 是 R 语言中一个优秀的可视化库,它可以帮助学生创建出高质量、美观的可视化图表,直观地展示数据的特征和关系。

机器学习工具的集成也是大数据实验教学平台的重要组成部分。随着人工智能技术的不断发展,机器学习在各个领域得到了广泛的应用。平台应集成如 scikit-learn、TensorFlow 等机器学习库,让学生能够接触到最新的机器学习算法和技术。通过使用这些工具,学生可以进行监督学习、无监督学习和深度学习等不同类型的机器学习任务。例如,在图像识别领域,学生可以使用 TensorFlow 构建卷积神经网络(CNN)模型,对图像进行分类和识别;在自然语言处理领域,学生可以使用循环神经网络(RNN)或长短期记忆网络(LSTM)对文本进行情感分析和机器翻译等任务。

(三)可视化工具与技术的集成

数据可视化是大数据分析过程中的关键环节,它能够将复杂的数据以直观的图表和图形形式展示出来,帮助学生更好地理解和解释数据。因此,大数据实验教学平台应集成强大的可视化工具和技术,以支持学生进行有效的数据可视化分析。

在选择可视化工具时,平台应考虑工具的功能丰富性、易用性和扩展性。Matplotlib 是 Python 中一个广泛使用的可视化库,它提供了丰富的绘图函数和工具,能够创建各种类型的图表,如折线图、柱状图、散点图、饼图等。学生可以使用 Matplotlib 轻松地将数据转换为可视化图表,并对图表的样式、颜色、标签等进行自定义设置,以满足不同的展示需求。ggplot2 是 R 语言中的一个优秀可视化库,它基于图形语法理论,提供了一种简洁而强大的方式来创建复杂的可视化图表。ggplot2 的优点在于其高度的可定制性和灵活性,学生可以通过组合不同的图形元素和统计变换,创建出具有深度和洞察力的可视化作品。

除了这些基础的可视化库,平台还应集成一些专业的可视化工具,如 Tableau 和 PowerBI。Tableau 是一款功能强大的商业智能可视化工具,它具有直观的用户界面和丰富的可视化效果,能够快速地将数据转换为交互式的可视化图表和仪表盘。学生可以通过简单的拖拽操作,将不同的数据字段组合在一起,创建出各种类型的可视化报表和分析视图。同时,Tableau 还支持实时数据连接和更新,能够对实时变化的数据进行动态可视化展示。PowerBI 是微软推出的一款数据分析和可视化工具,它与微软的办公软件(如 Excel、SharePoint 等)集成紧密,方便学生将已有的数据资源进行整合和分析。PowerBI 提供了丰富的可视化模板和组件,学生可以根据自己的需求进行选择和定制,创建出个性化的可视化解决方案。

动态可视化功能是大数据实验教学平台可视化工具集成的一个重要方面。通过动态可视化,学生可以在分析过程中与数据进行交互,深入探索数据的特征和规律。例如,学生可以通过点击图表中的某个数据点,查看该数据点的详细信息;可以通过拖动滑块或选择不同的时间范围,观察数据随时间的变化趋势。这种交互式的可视化体验能够激发学生的学习兴趣,提高他们对数据的理解和分析能力。

数据可视化能力对于学生的数据分析素养提升具有重要意义。通过使用可视化工具,学生能够更加直观地展示数据分析结果,将复杂的数据信息转化为易于理解的图形和图表,从而更好地与他人进行沟通和交流。同时,可视化过程也有助于学生发现数据中的潜在问题和规律,提高他们的数据洞察能力和决策能力。在实际的大数据项目中,良好的数据可视化能力能够帮助学生将数据分析成果有效地传达给项目团队和利益相关者,为项目的成功实施提供有力支持。

(四)平台应用的多样性

大数据实验教学平台应具备多样化的应用功能,以满足不同教学环节和学生学习需求,为大数据实验教学和学生的专业成长提供全方位的支持。

在课堂教学中,平台是教师开展实例教学的重要工具。教师可以利用平台展示大量实际的大数据案例,这些案例涵盖了金融、医疗、电商、交通等多个领域,具有很强的现实代表性。通过展示这些案例,教师可以将抽象的数据分析理论知识与实际应用场景相结合,让学生更加直观地理解数据分析的基本原理和方法。例如,在讲解数据挖掘算法时,教师可以通过平台展示一个电商用户购买行为分析的案例,详细介绍如何使用聚类算法将用户分为不同的群体,以及如何根据不同群体的特点制定营销策略。同时,教师还可以在平台上进行实时操作演示,展示数据分析的整个流程,包括数据采集、清洗、处理、建模和可视化等环节。

实验教学是培养学生实践能力的重要环节,大数据实验教学平台为学生提供了一个真实的实验环境。学生可以在平台上进行各种数据处理和分析实验,验证课堂上学到的知识。例如,学生可以通过平台导入实际的数据集,使用所学的数据分析工具和算法对数据进行清洗、转换和分析,然后将分析结果与理论预期进行对比,从而加深对知识的理解和掌握。

课程设计是对学生综合能力的一种考验,大数据实验教学平台为学生提供了一个完整的项目实践平台。在课程设计中,学生需要从数据采集开始,自主选择合适的数据源和采集方法,获取实验所需的数据。然后,对采集到的数据进行预处理,包括数据清洗、缺失值处理、异常点检测等操作,以确保数据的质量。接下来,学生需要根据项目需求选择合适的数据分析模型和算法,进行数据建模和预测。最后,将分析结果以可视化的方式展示出来,并撰写详细的项目报告。

平台的灵活性和多功能性不仅满足了教学的需求,还为学生提供了自主学习和研究的空间。学生可以根据自己的兴趣和需求,在平台上选择不同的数据集和分析工具,开展自主学习和探索性研究。例如,学生可以关注某个特定领域的大数据问题,通过平台收集相关数据,进行深入的分析和研究,尝试提出自己的解决方案。

(五)实时数据和动态数据的应用

在金融、气象、交通等众多领域,实时数据的采集和分析已经成为日常工作的重要组成部分。因此,大数据实验教学平台需要具备处理和分析实时数据的能力,以培养学生适应现代大数据应用的需求。

实时数据流和数据传输工具的集成是平台支持实时数据处理的关键。平台可以通过 API 接口与各种数据源进行连接,实时获取数据。例如,在金融领域,平台可以与股票交易系统、期货市场等数据源建立实时连接,获取股票行情、交易数据等实时信息。在气象领域,平台可以与气象监测站、卫星等数据源连接,实时获取气象数据,如温度、湿度、风速等。为了确保数据的实时传输和处理,平台需要采用高效的数据传输协议和技术,如 Kafka、Flume 等。Kafka 是一个分布式流处理平台,它具有高吞吐量、低延迟的特点,能够快速地处理和传输大量的实时数据。Flume 是一个分布式、可靠、可用的日志收集系统,它可以将不同来源的日志数据收集并传输到平台中进行处理。以股票市场数据分析为例,学生可以通过平台实时获取股票行情数据,包括股票价格、成交量、涨跌幅等信息。然后,使用平台提供的数据分析工具和算法,对实时数据进行分析和预测。例如,学生可以使用时间序列分析方法,对股票价格的走势进行预测;可以使用机器学习算法,对股票的涨跌情况进行分类和预测。通过实时数据分析,学生能够及时了解市场动态,做出合理的投资决策。

平台还应提供数据流的管理和监控功能,以确保数据采集的准确性和实时性。数据流管理功能可以对实时数据流进行监控、过滤和转换,确保进入平台的数据符合分析要求。例如,平台可以设置数据过滤规则,过滤掉无效或错误的数据;可以对数据进行格式转换,将不同格式的数据统一转换为平台支持的格式。数据流监控功能可以实时监测数据的传输状态和处理进度,及时发现和解决数据传输过程中出现的问题。

第七章 统计学教学评估与反馈机制的创新

第一节 传统统计学评估方法的局限性

一、传统评估方法的缺陷与不足

(一)过于依赖标准化测试

1.标准化测试对个体差异的忽视

在教育评估领域,传统的统计学评估方法长期以来高度依赖标准化测试,诸如期末考试、选择题测验等,以此作为评定学生学习成果的主要手段。这种方式在一定程度上有其合理性,它能够高效且客观地评估学生对基础知识的记忆情况。例如,在统计学课程中,通过选择题可以快速检验学生对基本概念、公式的记忆程度,能在短时间内覆盖大量的知识点,为教师提供一个相对统一的评判标准。然而,这种依赖标准化测试的评估方式存在着严重的局限性,其中最为突出的就是对学生个体差异的忽视。每个学生都是独一无二的个体,他们有着不同的学习风格、理解能力和知识掌握深度。有些学生属于视觉型学习者,他们通过图表、图像等视觉信息能够更好地理解和掌握知识;而有些学生则是听觉型学习者,更适合通过听讲、讨论来学习。在标准化测试中,所有学生都被置于相同的测试环境和测试形式之下,无法根据自身的学习风格来展示自己的学习成果。

从理解能力的角度来看,不同学生对同一知识点的理解速度和深度也存在差异。有些学生能够迅速掌握复杂的统计学概念,并深入理解其背后的原理;而另一些学生可能需要更多的时间和实例来消化这些知识。标准化测试往往设定了统一的时间限制和答题要求,这对于理解能力较慢但最终能够掌握知识的学生来说是不公平的,他们可能因为时间不够而无法充分展示自己的学习成果。

在知识掌握深度方面,标准化测试也难以全面反映学生的真实水平。它通常只能考查学生对表面知识的记忆和简单应用,而无法深入挖掘学生对知识的理解和拓展能力。

例如，在统计学中，对于回归分析这一知识点，标准化测试可能只要求学生记住回归方程的公式并进行简单的计算，而无法考查学生是否真正理解回归分析的原理、适用场景以及如何根据实际数据进行模型的选择和调整。因此，依赖标准化测试的评估方法不能有效区分学生在实际应用能独立解决问题能力方面的差异，无法全面、准确地反映每个学生的真实能力和潜力。

2. 侧重于对记忆性知识的考核

在当今数字化时代，统计学在各个领域都发挥着关键作用，如金融、医疗、市场调研等，需要统计人员具备强大的数据分析和应用能力。然而，目前传统的标准化测试在统计学评估中却更侧重于对记忆性知识的考核。以公式记忆为例，在标准化测试中，学生往往被要求背诵大量的统计学公式，如均值、方差、标准差的计算公式，以及各种概率分布的公式等。虽然这些公式是统计学的基础，但仅仅记住公式并不意味着学生能够真正理解和应用它们。例如，学生可能记住了正态分布的概率密度函数公式，但却不明白在实际问题中如何根据数据的特征判断是否符合正态分布，以及如何运用正态分布的性质进行数据分析。

对于理论知识的简单应用考核，标准化测试也存在局限性。它通常会给出一些固定模式的问题，要求学生套用所学的理论知识进行解答。这种方式只能考查学生对知识的表面应用能力，而无法检验学生在面对复杂、多变的实际问题时的应变能力和创新能力。例如，在大数据分析、数据清理、模型构建等复杂的应用场景中，实际问题往往没有固定的解决方案，需要统计人员根据数据的特点、问题的背景以及业务需求等多方面因素进行综合分析和判断。传统的标准化测试无法模拟这些真实的应用场景，难以评价学生是否能够在实际情境中灵活运用所学的知识。

标准化测试的题型和评分标准也往往限制了学生的思维拓展。选择题、填空题等客观题型虽然便于评分和统计，但它们往往只注重答案的正确性，而忽略了学生的思考过程和创新思路。在统计学中，解决问题的方法往往不是唯一的，不同的思路和方法可能会得到相同或相近的结果。然而，标准化测试通常只认可一种标准答案，这不利于培养学生的创新思维和多元化地解决问题能力。

3. 对学生解决实际问题能力考察薄弱

在大数据时代，数据量呈现爆炸式增长，这对学生的能力提出了新的要求。学生不仅需要具备扎实的统计学基础知识，更需要具备从海量数据中提取有价值信息、解决实际问题的能力。然而，传统的统计学评估方法过分强调计算能力和基础理论知识，而忽略了对学生实际操作能力和创新能力的评估。

传统评估方式往往将重点放在学生的计算能力上，通过大量的计算题来考查学生对公式的运用和计算的准确性。例如，在考试中会给出一些数据，要求学生计算均值、中位数、标准差等统计量。虽然计算能力是统计学的基础,但在实际工作中,统计学家面临的问题远不止简单的计算。他们需要根据数据的特点选择合适的分析方法和模型,进行数据的预处理和清洗,以及对分析结果进行解释和应用。传统的评估方式无法考查学生在这些实际操作环节中的能力。

在基础理论知识方面,传统评估方法通常侧重于对理论的记忆和理解,而忽视了学生将理论应用于实际问题的能力。例如,在统计学课程中,学生学习了各种统计模型和方法,但在实际工作中,他们需要根据具体的业务问题和数据特征来选择合适的模型,并对模型进行调整和优化。传统的考试往往无法模拟这种实际的应用场景,学生可能在考试中能够熟练地回答理论问题,但在面对实际问题时却束手无策。以实际工作中统计学家的任务为例,他们需要根据数据的特点灵活选择模型,而不仅仅是运用已知的统计公式进行计算。例如,在进行市场趋势预测时,统计学家需要考虑数据的时间序列特征、季节性变化、异常值等因素,选择合适的时间序列模型,如 ARIMA 模型、指数平滑模型等。在这个过程中,需要统计学家具备创新思维和问题解决能力,能够根据实际情况对模型进行调整和改进。然而,传统评估方式未能全面考查学生在数据分析过程中的创新性思维和问题解决能力,这使得学生的实际能力往往得不到应有的评价,也无法为学生的职业发展提供有效的指导。

(二)滞后的反馈机制

1.反馈时效性差,无法实时调整学习方向

在教育评估体系中,传统评估方式存在的一个关键弊端便是其反馈机制具有显著的滞后性。在众多学科的教学过程里,尤其是数据科学和统计学这类对思维和方法要求较高的领域,学生通常只能在期末考试结束之后才能获得成绩反馈。这种长时间的延迟,使得反馈难以发挥其应有的作用。

期末考试作为一种总结性的评估方式,其目的在于对学生整个学期的学习成果进行综合考量。然而,它却无法反映学生在学习过程中的具体情况。学生在日常学习中,每一次的作业、每一次的课堂练习,其实都是一个不断探索和尝试的过程。在这个过程中,他们可能会出现各种各样的问题,比如思维上的偏差、方法选择的错误等。以统计学中的数据分析为例,学生在处理实际数据时,可能会错误地选择了不适合的统计方法,或者在数据处理的过程中出现逻辑错误。如果能够及时得到反馈,学生就可以迅速意识到自己的问题所在,并及时调整学习方向,重新审视和修正自己的学习方法。但在传统评估方式下,学生只能在期末考试后才知道自己的问题,而此时距离他们最初出现问题已经过去了很长时间,他们可能已经在错误的道路上走得很远,之前形成的错误思维和方法习惯也更难纠正。

从认知心理学的角度来看,及时的反馈能够让学生在记忆还清晰的时候对所学内容进行巩固和修正。当学生完成一项学习任务后，如果能马上得到关于自己表现得反馈，他们可以更有效地将正确的知识和方法纳入自己的认知体系中。相反，滞后的反馈会导致学生在错误的认知上停留过久，增加了后续纠正错误的难度，严重影响学习效果。

2. 影响学习进度和效果的延误

统计学是一门实践性很强的学科，学生不仅要掌握理论知识，更要学会如何将这些知识应用到实际的数据处理和分析中。

在日常学习中，学生通过完成作业、参与课堂讨论和进行实践项目等方式来检验自己对知识的掌握程度和应用能力。在这个过程中，他们会遇到各种问题和挑战，需要不断地调整自己的学习方法和策略。例如，在学习统计模型时，学生可能会发现某些模型在理论上理解起来并不困难，但在实际应用中却遇到了很多问题。这时，他们需要根据自己的实践经验，对学习策略进行调整，可能需重新学习相关的理论知识，或者尝试不同的模型应用方法。然而，传统评估方式的反馈机制是在整个学期或课程结束后才提供。这就意味着学生在学习过程中出现的问题无法得到及时地纠正。当学生在某个知识点上出现理解偏差或者方法错误时，如果不能及时得到反馈，他们可能会继续按照错误的方式进行学习，导致后续的学习难度不断增加。而且，随着学习内容的不断深入，前面的错误可能会对后面的学习产生连锁反应，进一步影响学习进度。

即使学生在期末考试时能够正确回答问题，但由于他们在学习过程中缺乏及时地反馈和调整，可能只是机械地记住了知识点和解题方法，而没有真正理解和掌握这些知识的内涵和应用场景。因此，他们在面对实际的统计分析问题时，往往无法将所学知识灵活运用，导致学习效果大打折扣。

3. 无法个性化调整教学策略

滞后的反馈机制不仅对学生的学习产生负面影响，也使得教师难以根据学生的实际学习情况及时调整教学策略。在实际教学中，每个学生都是独特的个体，他们的学习进度、理解能力和学习风格都存在差异。

教师的教学目标是要满足每个学生的学习需求，帮助他们实现最大程度地学习成长。为了达到这个目标，教师需要根据学生的反馈及时调整教学内容和教学方法。例如，对于理解能力较强的学生，教师可以提供更具挑战性的学习任务和拓展性的知识；而对于理解能力较弱的学生，教师则需要放慢教学进度，采用更通俗易懂的教学方法。然而，在传统评估方法中，教师主要依据期末考试的成绩来了解学生的学习情况。由于期末考试是在课程结束后进行的，此时反馈已经严重滞后。教师只能根据最终成绩做出教学调整，但这种调整对于已经结束的课程来说已经为时过晚，无法满足学生在学习过程中的即时需求。

而且，期末考试成绩只能反映学生在某一时刻的总体学习水平，无法详细展示学生在学习过程中的具体问题和进步情况。教师无法从单一的成绩中了解每个学生在不同知识点上的掌握程度和学习困难,也就难以实现教学内容的个性化和差异化。例如,一个学生期末考试成绩不理想,但教师无法从成绩中知道是哪些具体的知识点没有掌握好,是统计理论理解不足,还是数据分析方法应用不熟练。

(三)对学习过程和学习习惯关注不足

1. 评估过度依赖最终结果,忽略过程性学习

传统评估方法常常以期末成绩为最终评定标准,忽视了学生在学习过程中所经历的思考和探索。这种评估方式使得学生在面对统计学问题时,更多的是关注如何在考试中获得高分,而不是如何真正掌握和理解统计学的应用方法。统计学是一门需要学生通过大量实践和探索来加深理解的学科,因此,学习过程本身同样重要。在传统评估体系下,学生往往忽视了在学习过程中反思和调整自己的学习策略,这种过度关注结果的评估方式无法促进学生的长期发展。

2. 学习习惯和自主学习能力未能充分评估

在统计学课程中,学生是否能够培养出良好的学习习惯,如定期复习、主动探索、实践操作等,直接影响其长期的学习效果。然而,传统评估方法仅依赖于期末的单一考试成绩,未能充分考查学生的学习习惯和自主学习能力。在现代教育中,培养学生的学习习惯和自主学习能力尤为重要,尤其是在数据科学等跨学科领域,学生需要不断更新知识体系和技术能力。传统评估方式既无法反映学生在整个学习过程中所取得的进展,也未能有效激励学生形成良好的学习习惯。

3. 忽视学生的综合能力发展

传统的评估方式往往侧重于对单一学科的理论知识的检验,缺乏对学生综合能力的考察。统计学不仅仅是对数据进行处理和分析,更多的是通过跨学科的知识和工具解决复杂的问题。因此,评估体系应当注重学生的综合能力,包括跨学科的知识整合能力、数据挖掘能力、问题解决能力等。然而,传统评估方法未能覆盖这些领域,只是聚焦于理论学习,忽略了学生如何将所学的知识应用于实践中的能力发展。这导致学生在面对实际问题时,尽管能够准确运用统计公式,但缺乏从全局进行分析和解决问题的能力。

二、学习评估与实际操作能力的脱节

(一)评估侧重于理论知识而忽视实践能力

传统评估方式中,笔试和选择题占据了主导地位。笔试通常要求学生在规定时间内,以书面形式回答一系列与统计学理论相关的问题,这些问题主要围绕着概念的定义、定理的推导以及公式的记忆等方面。选择题则是通过给出多个选项,让学生选择正确答案,以此来考察他们对知识点的识别和理解。然而,统计学作为一门应用性极强的学科,

其真正的价值和核心能力并非仅仅局限于对理论知识的掌握。在实际的各个领域,如金融、医疗、市场研究等,统计学方法和工具被广泛应用于解决复杂的数据问题。以市场研究为例,在进行市场趋势分析、消费者行为预测等工作时,学生不仅需要熟知回归分析模型的原理和公式,更重要的是要能够在面对多维度、复杂且具有噪声的数据时,进行有效的数据清理。

在完成数据清理后,学生还需要根据数据的特点和研究目的,选择合适的模型进行建模。这要求学生对不同的统计模型有深入地理解,能够判断每个模型的适用场景和局限性。在建立模型后,还需要对模型的结果进行解释和验证,判断模型的有效性和可靠性,并根据结果提出有针对性的建议和决策。但传统的评估方法,由于其形式和内容的局限性,无法全面考查学生在这些实际操作环节中的能力。学生可能在考试中能够熟练地背诵回归分析的公式,准确地回答关于概念和定理的问题,但当他们真正面对实际的市场研究数据时,却可能因为缺乏实际操作经验,不知道如何对数据进行预处理,如何选择合适的模型,以及如何解释模型的结果。

(二)学生的实际操作能力无法得到有效评估

在统计学的实际应用场景中,一个完整的数据分析任务涉及多个复杂且关键的步骤,这些步骤对于评估学生是否具备在真实场景中进行有效数据分析的能力至关重要。首先是数据清洗环节,在现实世界中,收集到的数据往往是不完整、不准确或包含噪声的。学生需要运用各种方法和技术,如数据筛选、插值法、聚类分析等,来识别和处理这些问题,以确保数据的质量和一致性。

数据整理也是一个重要的步骤,学生需要将清洗后的数据按照一定的规则和格式进行组织,以便后续的分析。这可能包括对数据进行分类、排序、汇总等操作,使数据更易于理解和分析。在完成数据清洗和整理后,学生需要根据研究问题和数据特点,选择合适的统计模型。这需要学生对各种统计模型的原理、适用条件和优缺点有深入的了解,能够根据实际情况做出合理的选择。

模型选择完成后,还需要对模型进行训练和验证,以确保模型的准确性和可靠性。这涉及使用训练数据对模型进行参数估计,使用测试数据对模型的性能进行评估,以及对模型进行优化和调整等操作。最后,学生需要对模型的结果进行解释和可视化,将复杂的统计结果以直观易懂的方式呈现给决策者,并根据结果提出合理的建议和决策。然而,传统的评估方法通常仅依赖于考试来评定学生的理论水平,这种单一的评估方式忽略了学生在上述数据处理和分析过程中所表现出的实际操作能力。考试往往侧重于对理论知识的考察,学生在纸面上能够完成统计推断和计算,但这并不意味着他们具备在实际场景中解决问题的能力。例如,学生可能在考试中能够熟练地运用某种统计方法进行计算,但在面对实际的复杂数据问题时,可能由于缺乏实际操作经验,无法准确地识别数据中的问题,无法选择合适的方法和模型,也无法对结果进行有效的解释和应用。

传统评估方法未能从根本上考查学生在实际操作过程中的思维方式、解决问题的能力和创新能力,造成了学术学习和实际能力之间的严重脱节。学生在学校中学习了大量的理论知识,但由于缺乏实际操作能力的培养和评估,他们在进入实际工作岗位后,往往需要花费大量的时间和精力来适应实际工作的需求。

(三)评估体系缺乏动态调整机制

每个学生的学习需求、理解水平和实际操作能力都在随着学习的深入和时间的推移而不断发生变化。例如,在学习初期,学生可能对统计学的基本概念和简单方法理解困难,需要更多的基础训练和指导;而在学习的中后期,随着知识的积累和能力的提升,他们可能需要更具挑战性的学习任务和拓展性的知识。然而,传统的评估体系却缺乏及时有效的调整机制,无法根据学生的学习进展进行动态调整。传统评估通常按照固定的教学计划和时间表进行,如定期的期中考试和期末考试,以及固定的作业和测验等安排。以某些学生在学习过程中遇到理解困难为例,由于传统评估体系缺乏实时的反馈和调整机制,这些学生的问题可能无法及时被发现和解决。在传统的教学模式下,教师主要通过定期的考试成绩来了解学生的学习情况,但考试成绩只能反映学生在某个特定时间点的学习结果,无法及时反映学生在学习过程中遇到的困难和问题。当教师通过考试成绩发现学生存在问题时,可能已经错过了最佳的干预时机;学生的学习困难可能已经积累到一定程度,影响了他们后续的学习和发展。

传统评估体系的评估标准和方式相对固定,无法适应不同学生的学习需求和发展水平。对于一些学习能力较强、进步较快的学生来说,固定的评估标准可能无法充分体现他们的学习成果和潜力;而对于一些学习能力较弱、需要更多时间和支持的学生来说,固定的评估标准可能会给他们带来过大的压力,导致他们失去学习的信心和动力。

第二节 基于大数据的学习评估体系

一、大数据评估体系的理论基础

(一)数据采集理论

大数据评估体系的基石在于数据采集理论,它与传统评估方法的数据获取方式有着显著差异。传统评估方法受限于技术手段和理念,往往仅依赖学生的期末考试成绩、作业成绩等少量且有限的评估数据。这种方式犹如管中窥豹,只能获取学生学习成果的片面信息,难以全面、深入地了解学生的学习过程和状态。大数据评估体系借助现代先进的技术手段,能够全面且持续地采集学生在学习过程中的各类丰富数据。这些数据来源广泛,涵盖了学生学习的各个方面。例如,在课堂上的互动记录,它可以包括学生提问的

次数、回答问题的准确性和积极性、与同学和教师的交流频率等。

作业提交时间也是一个重要的数据点。按时提交作业可能表明学生具有良好的时间管理能力和学习自律性,而延迟提交作业则可能暗示学生在学习过程中遇到了困难或者存在拖延的问题。在线学习时长反映了学生在虚拟学习环境中的投入程度,结合学习平台的记录,还可以分析学生在不同学习资源上的停留时间,了解他们的学习偏好和关注点。

课外阅读量体现了学生的自主学习能力和知识拓展意愿,参与讨论的频率则反映了学生的合作学习能力和交流能力。此外,学习习惯数据,如是否有做笔记的习惯、复习的频率和方式等,都能为了解学生的学习特点提供有价值的信息。

大数据评估体系通过集成来自不同平台的数据来实现全面的数据采集。这些平台包括在线学习平台、教育管理系统、电子图书馆系统等。在线学习平台记录了学生的在线学习行为,如课程观看进度、练习完成情况等;教育管理系统存储了学生的基本信息、课程注册信息、成绩记录等;电子图书馆系统则可以提供学生的图书借阅记录和阅读时长等信息。通过将这些来自不同平台的数据进行整合和关联,能够实时、动态地反映学生的学习状态。

数据采集的范围不仅关注学生的知识掌握情况,还将视野扩展到学生的学习习惯、参与度、解决问题的方式等多个方面。这为后续的个性化评估和反馈提供了丰富的数据支持。个性化评估可以根据每个学生的独特数据特点,为其制定专属的学习计划和改进建议;而反馈则可以及时、准确地向学生和教师呈现学习过程中的优点和不足,促进教学相长。

(二)数据分析理论

随着大数据技术的迅猛发展,统计学和机器学习等数据分析技术在教育领域得到了广泛应用,使得对大量学生数据的深入挖掘和分析成为可能。

在大数据评估体系中,数据分析的范畴远远超越了传统的描述性统计。描述性统计通常只是简单地计算学生的平均成绩、作业完成率、及格率等基本指标,这些指标虽然能够提供一些关于学生整体学习情况的概括性信息,但无法深入探究学生学习行为和成效的内在机制。现代的数据分析则借助复杂的算法对学生的学习行为、学习成效、学习进度等方面进行多维度分析。例如,聚类分析算法可以将学生按照学习行为和特点进行分类。通过分析学生在课程学习中的表现、作业完成情况、考试成绩等多个维度的数据,将具有相似学习模式的学生归为一类。这样,教师可以针对不同类别的学生制定差异化的教学策略,满足他们的个性化学习需求。

回归分析则可以用于探究学生学习成绩与各种因素之间的关系。通过建立回归模型,分析学生的学习时间、作业质量、课堂参与度等因素对学习成绩的影响程度。这有助于教师识别影响学生成绩的关键因素,从而有针对性地进行教学干预。

分类算法可以根据学生的学习数据对其进行分类,例如将学生分为优秀、良好、中等、较差等不同等级。同时,还可以预测学生在未来的学习表现,提前发现可能存在学习困难的学生,并及时给予帮助和支持。以机器学习方法为例,它可以对学生在解决某一类型问题时的错误模式进行深入分析。通过收集大量学生在解决特定问题时的答案和解题过程,利用机器学习算法对这些数据进行训练和分析,能够发现学生在知识理解和应用方面的常见错误和偏差。例如,在数学学科中,学生在解决代数问题时可能经常出现计算错误、概念混淆等问题,通过机器学习分析可以准确地识别这些问题,并为教师提供针对性的教学建议,帮助学生弥补知识盲点,提高学习效果。

（三）教育评估理论

传统的评估体系存在明显的局限性,往往将重点过度集中在学术知识的考核上,主要以考试成绩作为衡量学生学习成果的唯一标准。这种单一的评估方式忽略了学生综合素质、解决问题的能力和创新思维的培养,无法全面反映学生的学习成效和成长潜力。大数据评估体系借助其强大的数据采集和分析能力,通过持续追踪学生的学习轨迹,能够对学生的思维过程、问题解决能力以及创新能力进行全面的评估。学习轨迹数据包括学生在学习过程中的每一个环节和行为,如课堂上的思考方式、小组讨论中的表现、项目作业的完成过程等。通过对这些数据的分析,可以深入了解学生的思维模式、解决问题的策略和创新能力的发展情况。基于教育评估理论,大数据评估体系的评估标准不再仅仅依赖考试成绩,而是将评估范围拓展到多个维度。学习态度是一个重要的评估维度,它反映了学生对学习的热情和专注程度。积极的学习态度通常表现为主动参与课堂活动、按时完成作业、乐于探索新知识等。

学习过程也是评估的关键内容。它包括学生在学习过程中的努力程度、学习方法的运用、知识的积累和转化等方面。例如,学生在学习一门课程时,是否能够制定合理的学习计划、是否善于总结归纳知识点、是否能够将所学知识应用到实际问题中,这些都可以通过大数据评估体系进行全面的考察。

团队合作能力在现代社会中越来越受到重视。在大数据评估体系中,可以通过分析学生在小组项目中的表现,如与团队成员的沟通协作、任务分配和完成情况、对团队的贡献等,来评估学生的团队合作能力。

项目成果则是学生综合能力的集中体现。通过对学生在课程项目、科研项目等中的成果进行评估,可以了解学生的知识应用能力、创新能力和实践能力。例如,在一个科技创新项目中,学生需要运用所学的知识进行问题分析、方案设计、实验验证等工作,最终形成项目成果。通过对项目成果的质量、创新性和实用性等方面进行评估,可以全面、准确地反映学生的综合能力和学习成效。

二、数据驱动的个性化学习评估方法

(一) 个性化学习路径的制定

在传统的统计学教学中,往往采用"一刀切"的教学方式,所有学生都遵循相同的学习进度和模式,难以满足学生的个性化需求。大数据评估体系通过对学生在统计学学习过程中生成的大量数据进行深度分析,能够全面且细致地了解每个学生的学习进度、知识掌握情况和学习习惯等。

在统计学学习中,学生在不同知识点上的表现差异较大。例如,在概率分布、假设检验、回归分析等重要知识点上,学生的理解和掌握程度各不相同。通过分析学生在这些知识点上的持续表现,评估平台能够自动识别出学生的薄弱环节。以假设检验为例,如果学生在多次相关作业和测试中频繁出现错误,评估平台可以精准定位这一薄弱点,并为学生提供个性化的复习建议或学习资源。

对于学习进度较慢的学生,平台可以自动推荐相关的基础材料和重点知识点。在统计学教学中,这些基础材料可以包括概率统计的基本概念讲解视频、简单的案例分析等,帮助学生巩固基础知识,逐步跟上教学进度。例如,对于在回归分析中理解困难的学生,平台可以推荐线性回归的基础推导过程讲解、简单线性回归案例的详细分析等资源,让学生从基础学起,逐步掌握回归分析的方法和应用。

而对于进展较快的学生,平台则可以提供更具挑战性的内容,帮助其进一步提高,避免学生陷入"舒适区",促使他们在统计学学习中不断进步。这些挑战性内容可以包括高级的统计模型、复杂的数据分析项目等。例如,对于已经熟练掌握基本统计方法的学生,平台可以推荐时间序列分析、贝叶斯统计等高级内容,并提供实际的商业数据分析项目,让学生运用所学知识解决实际问题,提升他们的统计分析能力和创新思维。

(二) 全方位多维度地评估

在大数据时代统计学教学改革与创新研究的大背景下,传统的统计学评估方法主要通过考试和作业成绩来评估学生的学术成就,这种单一的评估方式存在明显的局限性,无法全面反映学生在统计学学习中的真实能力和表现。数据驱动的评估方法则突破了这一局限,能够从多维度综合评估学生的统计学学习情况。

在统计学学习中,学生的学习参与度、思考深度、问题解决能力、合作能力等都可以通过数据采集和分析来反映。学习参与度方面,在统计学课堂互动中,学生的回答频率、提出问题的深度和质量,以及参与小组讨论的活跃程度,都能够成为评估学生综合能力的重要依据。例如,在讲解统计学案例时,积极回答问题并能提出独特见解的学生,往往对知识的理解更为深入,思维更加活跃。提出有深度问题的学生,表明他们在学习过程中进行了深入思考,具有较强的探索精神。

思考深度也是评估的重要维度。在统计学学习中，学生需要对各种统计学概念、方法和模型进行深入思考和理解。通过分析学生在课堂讨论、作业解答和项目研究中的表现，可以评估他们的思考深度。例如，在进行统计数据分析时，能够深入分析数据背后的规律、提出合理假设并进行验证的学生，其思考深度明显高于只进行简单数据计算的学生。

问题解决能力在统计学学习中至关重要。学生需要运用所学的统计知识解决实际问题，如市场调研数据分析、质量控制等。通过收集学生在解决实际问题过程中的数据，如问题解决的思路、方法选择、结果验证等，可以评估他们的问题解决能力。例如，在面对一个复杂的市场调研数据时，能够合理选择统计方法进行分析，并准确得出结论的学生，其问题解决能力较强。

合作能力同样不可忽视。在统计学项目研究中，学生通常需要分组合作完成任务。通过分析学生在小组合作中的表现，如与小组成员的沟通协作、任务分配和完成情况、对小组的贡献等，可以评估他们的合作能力。例如，在一个统计数据分析项目中，能够与小组成员有效沟通、合理分配任务并积极协作完成项目的学生，其合作能力较强。

（三）综合评估与教师支持

1. 传统评估局限于数据驱动评估优势

传统评估主要依赖于考试成绩和作业表现，然而这两者所能反映的信息是有限的。考试通常是在特定时间内对学生知识掌握程度的一种阶段性检验，但它无法体现学生在学习过程中的思考方式、遇到的困难以及知识的应用能力。作业虽然能在一定程度上反映学生对知识的掌握情况，但也可能受到抄袭、参考资料等因素的干扰，不能完全真实地展现学生的学习水平。而且，考试和作业的题目往往是经过筛选和设计的，可能无法覆盖统计学知识体系的所有方面，导致教师只能对学生的学习情况进行大致的判断。

与之形成鲜明对比的是，数据驱动的评估体系为教师了解学生提供了全新的视角和方法。通过对学生统计学学习数据的系统分析，教师能够获得更为全面和深入的信息。学生在统计学课程中的学习轨迹包含了丰富的数据，如课堂表现数据，它可以记录学生的出勤情况、课堂参与度（提问次数、回答问题的准确性等）；作业完成情况数据，包括作业完成的时间、正确率、错误类型等；测试成绩数据则能反映学生在不同阶段对知识的掌握程度。以概率分布和统计推断这两个重要的统计学知识点为例。通过对学习轨迹数据的分析，如果发现学生在概率分布的计算上表现出色，这可能意味着该学生对数学运算和基本概念有较好的理解和掌握能力。在统计推断的应用上存在困难，可能是因为统计推断涉及对样本数据的分析、假设检验等较为复杂的逻辑思维过程，该学生在这方面的能力有待提高。教师根据这些详细的分析结果，就可以清晰地了解每个学生的优点与不足，为后续制定个性化的教学计划和辅导方案提供有力依据。

2. 针对薄弱环节的个性化辅导与资源推荐

在统计学学习中,每个学生都可能在不同的知识点上存在薄弱环节。当教师通过数据驱动的评估体系发现学生的薄弱点后,就可以采取有针对性的措施帮助学生弥补短板。以回归分析为例,这是统计学中一个重要且应用广泛的知识点,但由于其涉及复杂的数学模型和数据分析过程,很多学生在理解和应用上会遇到困难。

对于在回归分析中理解困难的学生,教师可以为其安排单独的辅导课程。在辅导课程中,教师可以详细讲解回归分析的原理,从线性回归的基本假设、最小二乘法的推导过程等基础知识入手,逐步引导学生理解回归分析的本质。同时,教师还可以结合实际案例,详细介绍回归分析的应用步骤,包括数据的收集与整理、模型的建立与估计、结果的解释与验证等。通过这种理论与实践相结合的方式,帮助学生深入理解回归分析的原理和应用。

为了让学生更好地巩固所学知识,教师还可以提供相关的练习题和案例。练习题可以从基础的概念理解题到复杂的综合应用题,逐步加深学生对回归分析的掌握程度。案例则可以选择不同领域的实际问题,如经济学中的消费函数分析、医学中的疾病影响因素研究等,让学生通过实际操作,提高运用回归分析解决实际问题的能力。此外,教师还可以推荐一些优质的统计学学习资源,帮助学生进一步深入学习。在线课程具有灵活性和多样性的特点,学生可以根据自己的时间和需求选择适合自己的课程。一些知名的在线学习平台上有很多由统计学领域专家录制的课程,内容丰富、讲解详细,能够为学生提供更深入的学习指导。学术论文则可以让学生了解回归分析在前沿研究中的应用和发展趋势,拓宽学生的学术视野,激发学生的学习兴趣和研究热情。

3. 利用大数据优化教学策略与课堂形式

教师可以充分利用大数据分析得出的学生行为数据,对教学策略进行优化,调整课堂内容和活动形式,以更好地适应学生的统计学学习需求,提高教学的针对性和有效性。

大数据分析能够揭示学生在学习过程中的各种问题和需求。如果分析结果显示学生对理论知识的理解存在困难,这可能是因为统计学中的很多理论概念比较抽象,学生难以直接理解。此时,教师可以增加实际案例的讲解。例如,在讲解概率分布的理论知识时,可以引入彩票中奖概率、保险理赔概率等实际案例,通过生动的案例将抽象的概率概念与实际生活联系起来,帮助学生更好地理解概率理论知识。同时,教师还可以引导学生运用所学的理论知识对案例进行分析和解答,提高学生的知识应用能力。

如果大数据分析表明学生在小组合作中表现不佳,教师可以从多个方面进行调整。首先,教师可以优化小组分组方式。在分组时,不仅要考虑学生的学习成绩,还要考虑学生的性格特点、学习风格和专业背景等因素。例如,将学习成绩较好和较差的学生搭配在一起,让他们相互学习、相互帮助;将性格开朗和内向的学生组合在一起,促进学生之间的交流与合作。其次,教师可以完善小组合作的流程和规则。明确小组每个成员的任务和职责,制定合理的评价标准和奖惩机制,激励学生积极参与小组合作。例如,在小组项目完成后,不仅要对小组的整体成果进行评价,还要对每个成员的贡献进行单独评价,根据评价结果给予相应的奖励和惩罚。通过这些措施,可以提高学生的合作能力和学习效果,营造良好的学习氛围。

第三节 教学反馈机制与个性化学习路径的设计

一、教学反馈机制的创新与优化

(一)实时数据采集与反馈

1. 传统教学反馈的局限性

在传统统计学教学中,教学反馈存在明显的滞后性。教师主要通过定期测验、阶段性考试以及不定期的课堂提问来了解学生的学习情况。这种方式下,教师获取学生学习信息的周期较长,难以及时发现学生在学习过程中出现的问题。例如,一次单元测验可能要在该单元教学结束后一周才进行,此时学生可能已经在错误的理解或方法上持续了一段时间,错误不断积累,后续的学习也会受到影响。而且,传统的反馈方式只能获取学生在有限时间和特定场景下的表现,无法全面反映学生的学习过程。

2. 教学平台实时数据采集的功能与维度

随着信息技术的发展,先进的教学平台为实时数据采集与反馈提供了有力支持。这些教学平台具备强大的跟踪功能,能够从多个维度持续且全面地记录学生在课堂、作业和实验中的各种表现。

(1)课堂表现数据采集 在课堂方面,教学平台可以精确监测学生的参与度。例如,记录学生主动发言的次数,这一数据能够反映学生在课堂上的积极性和对知识的渴望程度;还能统计学生回答问题的准确率,以此评估学生对课堂知识的掌握情况。此外,平台还能统计学生的互动频率,包括与教师和同学之间的交流情况,如学生在小组讨论中的发言次数、与教师私下交流的时长等,这些数据可以反映学生的团队协作能力和沟通能力。

(2)作业情况数据采集 在作业环节,平台可以收集多维度的数据。除了是否按时提交作业、提交次数等基本信息外,还可以分析作业的完成质量,如作业的正确率、不同题型的得分情况等。通过对作业数据的深入分析,教师可以了解学生对不同知识点的掌握程度,发现学生在解题过程中存在的共性问题和个性问题。

(3)实验操作数据采集 对于实验,平台能记录学生的操作步骤、实验结果以及完成实验所花费的时间等信息。在统计学实验中,学生的操作步骤是否规范、实验结果是否准确直接反映了学生对实验原理和方法的理解程度。完成实验的时间则可以反映学生的实验效率和对知识的熟练运用程度。

3. 在线学习行为数据的实时反馈

以在线学习为例,学生的在线学习行为能够被精准捕捉并实时反馈到教学平台。在线学习时长反映了学生投入学习的时间和精力,一般来说,投入时间越多,对知识的理解可能越深入。视频观看完成度可以体现学生对教学视频内容的学习程度,如果学生只是部分观看视频,可能对相关知识点的掌握不够全面。互动频率则展示了学生在在线学习过程中的积极性和参与度,如学生在在线讨论区的发言次数、提问次数等,这些互动行为有助于学生加深对知识的理解,促进知识的内化。

(二) 个性化、多维度的反馈报告

1. 传统评估方式的不足

成绩只能反映学生在特定考试中的表现,无法体现学生在学习过程中的努力程度、学习方法的优劣以及思维能力的发展。例如,有些学生可能通过死记硬背取得了较好的成绩,但对知识的理解并不深入,缺乏灵活运用知识的能力;而有些学生虽然成绩一般,但在学习过程中积极思考、勇于探索,具有较强的创新能力和学习潜力,传统的成绩评估方式无法发现这些学生的优势。

2. 大数据反馈机制的多维度视角

在大数据时代的统计学教学改革中,基于大数据的反馈机制应运而生,它能够提供个性化、多维度的反馈报告,弥补传统评估方式的不足。这种反馈机制不仅仅关注学生的考试成绩,而是将视角拓展到学生学习过程的各个方面。

(1) 参与度　学生的参与度是衡量其学习积极性的重要指标,包括在课堂上的主动参与、小组讨论中的表现等。在统计学课堂上,积极参与课堂讨论的学生往往能够更深入地理解知识,通过与同学和教师的交流,拓宽自己的思维视野。

(2) 讨论质量　讨论质量则反映了学生的思维能力和知识运用能力,通过分析学生在讨论中的发言内容和观点深度,可以了解学生对知识的理解和掌握程度。例如,在统计学案例讨论中,学生能否运用所学的统计方法对案例进行分析,提出合理的解决方案,体现了学生的知识运用能力和思维深度。

(3) 作业提交时效性　作业提交时效性体现了学生的学习态度和时间管理能力,按时提交作业的学生通常具有更好的学习习惯。在统计学学习中,及时完成作业有助于学生巩固所学知识,提高解题能力。

3. 个性化反馈报告对学生的作用

对于学生而言,这份报告就像是一份详细的学习体检报告,能够帮助他们全面了解

自己的学习状态。例如,在统计学作业中,系统可以对学生的错误类型进行深入分析。如果学生在概率计算方面频繁出错,系统可以给出针对性地改进建议,如推荐相关的练习题或复习资料,帮助学生加强对概率计算知识点的掌握。

4.个性化反馈报告对教师教学改进的依据作用

教师可以根据报告中反映出的学生普遍存在的问题,调整教学内容和方法。如果发现大部分学生在统计推断的理解上存在困难,教师可以增加相关知识点的讲解时间,采用更多的实例进行说明,以提高学生的理解能力。同时,教师还可以针对个别学生的特殊情况,制定个性化的教学计划,满足不同学生的学习需求。例如,对于学习能力较强、对知识掌握较快的学生,教师可以提供更具挑战性的学习任务,如让他们参与实际的统计项目,培养他们的实践能力和创新思维;对于学习困难的学生,教师可以给予更多的关注和辅导,帮助他们克服学习障碍。

(三)教师决策支持系统

在传统教学中,教师往往难以全面、精准地了解每个学生的学习情况,只能凭借经验和有限的观察进行教学决策。这种方式存在很大的局限性,可能导致教学策略无法满足不同学生的需求。例如,教师可能根据自己的教学经验认为某个知识点比较简单,不需要花费太多时间讲解,但实际上部分学生对该知识点存在理解困难;或者教师可能对某些学生的学习能力和潜力估计不足,没有为他们提供足够的挑战和发展空间。

1.教师决策支持系统的数据综合分析功能

统计学作为一门理论性与实践性都很强的学科,其知识点繁多且相互关联,学生的学习情况复杂多样。教师决策支持系统应运而生,为解决传统教学中教师难以全面精准把握学生学习情况的问题提供了有效的途径。该系统借助大数据技术,能够对海量的学生学习数据进行收集、整合与分析,从而为教师提供科学、全面的决策依据。通过对全班学生数据的综合分析,教师可以获得每位学生详细的学习情况图谱。这个图谱是一个多维度、综合性的信息集合,涵盖了学生在统计学各个方面的表现。

从知识点掌握情况来看,统计学包含众多核心知识点,如概率论、数理统计、回归分析、时间序列分析等。系统会对学生在每个知识点上的学习成果进行量化分析,通过对学生作业、测验、考试等数据的深入挖掘,了解学生对不同知识点的理解和应用程度。例如,在概率论中,系统可以分析学生对概率分布、期望、方差等概念的掌握情况;在回归分析中,能评估学生对线性回归、非线性回归模型的构建和运用能力。

学习进度也是图谱的重要组成部分。不同学生的学习速度存在差异,有些学生能够快速掌握新知识,而有些学生则需要更多的时间来消化。系统会记录学生在课程各个阶段的学习进展,包括完成学习任务的时间、学习内容的深度和广度等,以便教师了解学生的学习节奏,合理调整教学进度。

学习能力方面,系统会综合考虑学生的逻辑思维能力、数据分析能力、问题解决能力等。例如,通过分析学生在解决复杂统计问题时的思路和方法,评估其逻辑思维的严密性和灵活性;通过观察学生对实际数据的处理和分析过程,判断其数据分析能力的强弱。

学习态度同样不容忽视。系统可以通过学生的课堂参与度、作业完成的认真程度、自主学习的时间等数据,了解学生对统计学学习的积极性和专注度。例如,学生在课堂上的发言频率、提问的质量,以及是否按时、高质量地完成作业等,都能反映出其学习态度。

系统可以通过对学生作业、考试成绩、课堂表现等多源数据的分析,绘制出学生在各个知识点上的掌握程度曲线。这种可视化的展示方式具有直观、清晰的优点,能够让教师迅速了解学生的学习优势和劣势。例如,一条平滑上升的曲线表示学生对该知识点的掌握程度逐渐提高,且学习过程较为顺利;而曲线出现较大波动或持续低迷,则说明学生在该知识点的学习上可能遇到了困难。

2. 基于学习情况图谱的差异化教学决策

在统计学的教学中,不同的知识点具有不同的难度和重要性,学生的掌握情况也各不相同。以假设检验知识点为例,这是统计学中的一个重要且相对复杂的内容,涉及原假设、备择假设、检验统计量、显著性水平等多个概念和步骤。如果图谱显示部分学生在假设检验相关的作业正确率较低,测试成绩不理想,教师就可以准确判断这些学生在该知识点上存在困难。这不仅可以从成绩数据上直观体现,还可以结合学生在课堂上的表现,如对相关问题的反应速度、回答的准确性等进行综合判断。

针对在特定知识点上存在困难的学生,教师可以采取一系列有针对性的支持措施。首先,为他们提供额外的学习资源是非常必要的。推荐相关的学术论文可以让学生接触到更深入、更前沿的知识,拓宽他们的视野,帮助他们从不同的角度理解假设检验的原理和应用。例如,一些经典的统计学研究论文可能会详细阐述假设检验在实际科研中的应用案例,学生可以通过阅读这些论文,了解假设检验在解决实际问题中的具体步骤和方法。在线课程也是一种很好的学习资源,许多在线教育平台提供了丰富的统计学课程,这些课程通常由专业的教师授课,讲得详细、生动,学生可以根据自己的时间和进度进行学习。同时,教师还可以为这些学生安排单独的辅导课程。在辅导过程中,教师可以针对学生的具体问题进行详细解答和指导。例如,对于学生在假设检验中对检验统计量的选择和计算存在的困惑,教师可以通过具体的例子进行讲解,帮助学生理解不同情况下应该选择哪种检验统计量,以及如何进行正确的计算。

对于学习能力较强、在某些知识点上已经掌握得很好的学生,教师不能让他们停留在现有的学习水平上,而应该为他们提供更具挑战性的学习任务。让他们参与实际的统计项目是一种非常有效的方式。实际的统计项目往往涉及真实的数据和复杂的问题,需要学生综合运用所学的统计学知识和技能进行分析和解决。例如,学生可以参与企业的市场调研项目,对市场数据进行收集、整理和分析,运用统计学方法进行市场趋势预测、消费者行为分析等。通过参与这样的项目,学生不仅能够巩固和拓展所学的知识,还能培养自己的实践能力和创新思维。在项目实施过程中,学生可能会遇到各种意想不到的问题,需要他们自己思考、探索解决方案,这有助于提高他们的问题解决能力和创新能力。

二、个性化学习路径的构建与实施

(一)基于学习数据的个性化路径设计

传统的统计学教学往往难以全面、细致地了解学生在学习过程中的具体表现,而大数据能够突破这一局限。它可以对学生在统计学学习过程中的各种行为进行全方位地记录,涵盖课堂表现、作业完成情况、实验操作过程、在线学习活动等多个方面。例如,在课堂上,学生的发言次数、回答问题的准确性和速度等都能被精准记录;在作业方面,不仅能记录作业的提交时间和得分,还能分析作业中的解题思路和错误类型;对于实验操作,学生的操作步骤、实验结果的准确性以及遇到问题时的处理方式等都能被详细记录下来。通过对这些丰富的学习行为数据进行深入分析,可以全面了解学生的学习进度、对知识的理解深度以及各个知识点的掌握情况。在统计学教学中,不同的知识点之间存在着紧密的逻辑联系,如概率论是数理统计的基础,回归分析又依赖于前面所学的统计方法。通过数据分析,能够清晰地看到学生在各个知识点上的学习状况,判断学生是否真正理解了知识点的内涵,以及能否灵活运用这些知识解决实际问题。基于这些分析结果,就可以为学生提供个性化的学习路径。

平台可以根据学生在某个阶段的学习成绩和参与情况,对学生接下来的学习难度进行科学预测,并为其提供适合的学习资源。以统计学中的假设检验知识点为例,如果某个学生在该模块的作业成绩优秀,课堂参与度高,且在相关讨论中表现出了深入的理解和较强的应用能力,系统可以判断该学生在这方面具有较强的学习能力,进而为其推荐更具挑战性的内容,如复杂的假设检验模型在实际科研中的应用案例、相关的学术论文等,帮助其进一步拓展知识边界,提升专业素养。反之,如果某个学生在该模块的学习成绩不理想,参与度较低,系统会认为该学生可能在这一知识点上存在理解困难,平台会推送复习材料,如基础概念的讲解视频、简单的练习题等,帮助其加强基础知识的巩固,逐步提高对该知识点的掌握程度。

(二)自适应学习系统的应用

1. 突破传统教学模式局限

传统教学模式往往采用"一刀切"的方式,为所有学生提供统一的教学内容、固定的教学进度和标准化的评价体系。这种模式忽视了学生个体在学习能力、知识基础、学习风格以及兴趣爱好等方面存在的显著差异,导致部分学生可能觉得教学内容过于简单,无法满足其学习需求,从而失去学习的动力;而另一部分学生则可能因教学内容难度过高、进度过快,难以跟上教学节奏,进而产生挫败感,影响学习效果。

个性化学习路径的出现,不仅仅停留在简单地定制学习内容这一层面。其核心在于借助自适应学习系统实现学习过程的动态调整。自适应学习系统以先进的教育技术和大数据分析为支撑,能够在学生学习过程中持续收集、分析他们的各种学习数据,包括答题正确率、答题时间、学习时长、与学习资源的交互行为等。通过对这些实时数据的深度挖掘和分析,系统可以精准地了解每个学生的学习状态、知识掌握程度以及学习能力水平。

基于这些分析结果,系统能够自动对学习内容和难度进行灵活且精准地调整。例如,当系统发现学生在某一类型的知识点上掌握较好,具备进一步深入学习的能力时,会及时为其推送更具挑战性的学习内容,引导学生拓展知识边界,提升学习能力;反之,如果学生在某些知识点上遇到困难,系统会放慢学习进度,提供更多的基础讲解和针对性练习,帮助学生巩固知识,克服学习障碍。这种动态调整的学习过程,能够为学生提供高度贴合其实际情况的学习体验,使每个学生都能在自己的最近发展区内进行学习,充分发挥自身的学习潜力,从而有效突破传统教学模式的局限。

2. 实时调整学习内容与难度

在统计学教学领域,不同学生对知识的接受和掌握速度呈现出巨大的差异。这是因为统计学是一门理论性与实践性都很强的学科,涉及众多抽象的概念、复杂的公式以及严谨的逻辑推理。每个学生的数学基础、逻辑思维能力以及对统计学的兴趣程度各不相同,这些因素都会影响他们对统计学知识的学习效果。

自适应学习系统在应对这种差异时表现出了强大的优势。当学生在某一课程模块表现不佳时,系统会迅速做出反应。以统计学中的方差分析知识点为例,这是一个在实际应用中非常重要但又具有一定难度的内容,涉及多个样本均值差异的检验、方差分解等复杂概念和方法。如果学生在相关的练习题中错误率较高,系统会凭借其内置的智能算法,自动识别出学生在这一知识点上存在理解困难。此时,系统会采取一系列有针对性的措施来帮助学生。首先,系统会提供更多的练习题,这些练习题会经过精心设计,从不同的角度和难度层次对该知识点进行考查。例如,既有基础的概念理解题,帮助学生巩固方差分析的基本原理;也有中等难度的应用计算题,让学生掌握方差分析的具体操作步骤;还有高难度的综合分析题,培养学生运用方差分析解决实际问题的能力。通过大量不同类型的练习,学生可以从多个维度加深对概念和方法的理解。

同时,系统还会推送详细的指导材料。这些材料包括解题思路分析,系统会针对每一道练习题给出详细的解题步骤和思路,帮助学生理解为什么要这样解题,以及如何运用所学的知识点进行推理和计算;知识点的拓展讲解则会进一步深入探讨方差分析的理论背景、适用条件以及在不同领域的应用案例,拓宽学生的知识面和视野。通过这些全面的学习支持,学生能够逐步克服在方差分析知识点上的困难,提高学习效果。对于在该知识点上掌握较好的学生,系统会避免让其重复进行简单的练习,而是为他们推送更为复杂的课题和挑战性任务。比如,让学生运用方差分析方法对大规模的实际数据进行分析,并要求其撰写分析报告,阐述分析结果的实际意义和应用价值。这样的任务不仅要求学生熟练掌握方差分析的方法,还需要他们具备数据收集、整理、分析以及结果解读和表达的综合能力。

(三)学习过程中的动态支持与指导

1. 教师实时监控与指导的重要性

在教育教学体系中,教师扮演着多重关键角色,不仅是知识的传授者,更是教学活动的组织者与引导者。在学生的整个学习过程中,教师的作用无可替代,尤其是在大数据时代,借助大数据平台,教师能够实现对学生学习情况的实时监控,这对于提升教学质量和学生的学习效果具有重大意义。

在统计学学习中,其知识体系复杂且具有较强的逻辑性与专业性,涵盖众多抽象概念、公式和方法。不同学生由于基础知识、学习能力和学习风格的差异,在学习过程中的表现和进展各不相同。传统的教学模式下,教师难以全面、及时地了解每个学生的具体学习情况,往往只能通过定期的考试和作业来大致评估学生的学习成果,但这种评估方式具有滞后性,无法及时发现学生在学习过程中遇到的问题并给予指导。

大数据平台为教师提供了强大的工具,通过实时收集和分析学生学习数据,教师可以全面了解学生在统计学学习过程中的表现和进展。这些数据包括学生的在线学习时长、学习频率、作业完成情况、测试成绩、与学习资源的交互行为等多个方面。通过对这些数据的分析,教师能够精准地掌握学生对各个知识点的掌握程度,了解学生在学习过程中的优势和不足,以及学习进度是否合理等信息。例如,教师可以通过大数据平台查看学生在学习某一统计学知识点时的停留时间,如果学生在某个知识点上花费的时间过长,可能意味着该知识点对学生来说存在一定难度,需要教师给予更多的关注和指导;教师还可以分析学生的作业和测试数据,了解学生在解题过程中出现的错误类型和频率,从而发现学生在知识理解和应用方面存在的问题。通过实时监控,教师能够及时发现学生学习过程中的问题,并迅速调整教学策略,为学生提供及时、有效地指导,确保学生能够顺利地掌握统计学知识和技能。

2. 教师基于数据的个性化指导策略

大数据平台为教师提供了丰富的学生学习数据,教师可以充分利用这些数据,制定个性化的指导策略,满足不同学生的学习需求。教师可以通过平台全面查看学生在某个知识点的学习情况,这些情况涵盖了学生的作业完成情况、测试成绩、在线学习时长等多方面的数据。这些数据能够从不同角度反映学生对知识点的掌握程度和学习状态。

以统计学的时间序列分析知识点学习为例,时间序列分析是统计学中的一个重要且具有一定难度的内容,涉及时间序列的建模、预测等多个方面。如果教师通过平台数据发现某些学生在作业中的错误率较高,或者在相关测试中的成绩不理想,这很可能说明这些学生对该知识点的理解存在不足。

针对这种情况,教师可以采取多种方式给予个性化的指导。一方面,教师可以在下一次课堂中增加相关知识点的讲解。在讲解过程中,教师可以结合更多的实际案例,因为实际案例能够将抽象的理论知识与现实生活联系起来,帮助学生更好地理解时间序列分析方法的应用场景和实际意义。例如,教师可以引入股票价格走势、气象数据变化等实际案例,详细讲解如何运用时间序列分析方法对这些数据进行建模和预测,让学生通过实际操作加深对知识点的理解和应用能力。另一方面,教师可以为这些学生安排额外的学习资料。相关的学术文献通常包含了时间序列分析领域的最新研究成果和前沿方法,学生通过阅读学术文献,可以拓宽自己的知识面,了解该领域的发展动态;在线课程视频则以更加生动、直观的方式呈现知识点,学生可以根据自己的学习进度和需求,反复观看视频,深入理解知识点。通过自主学习这些额外的资料,学生能够进一步巩固所学知识,弥补自己在知识掌握上的不足。

同时,教师还可以为学生提供一对一的辅导。在一对一辅导过程中,教师可以针对学生在学习过程中遇到的具体问题进行详细解答和指导。每个学生的问题可能都具有独特性,通过一对一的交流,教师能够深入了解学生的困惑所在,为学生提供个性化的解决方案。例如,对于学生在时间序列模型选择和参数估计方面存在的问题,教师可以结合具体的案例,详细讲解不同模型的适用条件和参数估计方法,帮助学生掌握正确的解题思路和方法。通过这种个性化的指导,学生能够更加有效地解决学习中遇到的问题,提高学习效果。

3. 结合兴趣与职业规划的学习路径进行定制

学生的学习不仅仅是为了获取知识,更重要的是为未来的职业发展做好准备。因此,学生的学习路径可以根据其个人兴趣和未来发展方向进行定制,这在统计学领域尤为重要。在统计学领域,不同的职业方向对知识和技能的要求有明显差异。例如,对于有意向从事数据科学工作的学生来说,数据科学是一个融合了统计学、数学、计算机科学等多学科知识的领域,对学生的综合能力要求较高。在这个领域中,学生需要具备更为深入的数学模型和算法知识,以便能够处理和分析大规模的复杂数据。因此,平台可以根据学生的职业规划,为其提供更为深入的相关学习内容。高级的统计建模方法,如贝叶斯统计建模、非参数统计建模等,能够帮助学生更好地处理不确定性和复杂的数据结构;机器学习算法在数据分析中的应用,如决策树、支持向量机、神经网络等,能够让学生掌握利用算法进行数据挖掘和预测的技术。通过学习这些深入的内容,学生能够提升自

己在数据科学领域的专业能力,为未来的职业发展打下坚实的基础。再比如,对于想要从事市场调研工作的学生,市场调研主要关注如何收集、分析和解释市场数据,以支持企业的决策。因此,这类学生需要重点学习抽样调查方法、问卷设计技巧、数据可视化等知识和技能。平台可以为他们提供相关的学习资源,如市场调研案例分析、抽样调查理论与实践等课程,帮助他们掌握市场调研的流程和方法,提高市场分析和预测的能力。

参考文献

[1] 冯蕊.大数据时代高职院校统计学专业教育教学方案重构分析[J].陕西教育(高教),2021,(5):62-63.

[2] 王月红.基于大数据时代的统计学发展分析[J].全国流通经济,2019,(5):104-105.

[3] 张璧麟.浅谈大数据时代统计学面临的机遇与挑战[J].现代营销(经营版),2021(12):106-108.

[4] 徐娜.浅谈大数据时代统计学面临的机遇与挑战[J].中国管理信息化,2021,24(2):238-239.

[5] 李智明.浅谈大数据时代统计学的挑战与机遇[J].教育教学论坛,2020(13):95-96.

[6] 袁明.统计学在大数据时代的应用[J].财富时代,2019(12):242.

[7] 杨宗霖.大数据时代对统计学的挑战[J].今日财富,2019(17):219-220.

[8] 张端贵.大数据背景下统计学面临的挑战[J].财经界,2019(23):256.

[9] 游士兵,徐小婷.统计学方法的发展及其在大数据中的应用[J].统计与决策,2020(4):31-35.

[10] 毛军,欧阳玲.大数据时代高校统计学专业现状分析与改革路径[J].中国高等教育,2019(18):58-60.

[11] 黎伟,李蓬实.大数据时代管理统计学课程教学改革思考[J].教育教学论坛,2020(22):177-178.

[12] 康元宝.大数据时代统计学教学行动变革的思考[J].高教学刊,2018(20):126-128.

[13] 查如琴.多层次案例教学法在统计学教学中的应用探析[J].智库时代,2019(39):154,156.

[14] 杨青.案例教学法在《应用统计学》教学中的应用[J].科教导刊-电子版(下旬),2020(2):124.

[15] 欧进锋.案例教学法在统计学教学中的应用:以费孝通著作《江村经济》为例[J].教育教学论坛,2020(32):268-270.

[16] 孙涵,袁伟伟,黄圣君,等.计算机类专业创新型人才培养探索[J].计算机教育,2021(4):85-87,97.

[17] 赵健.课程思政理念下"统计学"课程教学改革与实现路径研究[J].洛阳理工学院学报(社会科学版),2020(5):92-96.